LEIBNIZ BLÄTTER VERLAG

Die Acht vom großen Fluss (1)

CIP-Kurztitelaufnahme der Deutschen Bibliothek
Kuhnke, Gabriele:
Die Acht vom großen Fluss / Gabriele Kuhnke
Bd. 1. Der abenteuerliche Fund
Originalausgabe erschienen: 1985

Illustrationen: Kollektiv der Leibniz Privatschule
Kaltenkirchen, unter der Leitung von
Sabine Helgesson (Titel),
Illustrationen in diesem Band: Mihrache Tanriverdi
Layout: Georg von Sternberg

Überarbeitete Neuauflage 2021
Leibniz Blätter Verlag, Kiebitzreihe b. Hamburg

Herstellung: BoD – Books on Demand,
Norderstedt

ISBN: 978-3-9820573-6-1
E-Book: 978-3-9820573-7-8

LEIBNIZ BLÄTTER VERLAG

Gabriele Kuhnke

Die Acht vom großen Fluss

Der abenteuerliche Fund

Die Acht:

Bastian, 12,
hat kurzes blondes Stoppelhaar und sehr abstehende Ohren. Ist der Anführer der Jungen. Intelligent. Manchmal muffelig.

Sabine, 12, schulterlanges, dunkles Haar, als einzige nicht blond; spitze, schmale Nase; dicke Ponyfrisur. Wittert dauernd spannende Fälle. Sehr pfiffig.

Heike, 12, und Heiko, 11, Geschwister, haben beide ganz kurz geschnittenes blondes Haar. Heiko weiß immer alles, Heike ist sehr tierliebend und weichherzig. Hilfsbereit sind beide. Die Geschwister besitzen zusammen eine kleine Segeljolle, da sie auf einer Insel wohnen.

Susanne (Su), 8, Sabines jüngere Schwester, die immer mit will. Hat dünne, widerspenstige, rotblonde Zöpfe, ist lustig, lacht und weint viel, hat Sommersprossen. Su ist eine Nervensäge, aber lieb.

Goldhamster Husch ist Heikes Liebling. Er sitzt meistens unter ihrem Pullover und ist immer dabei. Sein Fell ist besonders seidig. Ein großer Nüsse-Hamsterer. Kommt auf Heikes Pfiff. Fürchtet Kater Bandit wie den Teufel, da er dessen Absichten kennt.

Florian (Flo), 10, hat ganz dicke blonde Locken (um die ihn die Mädchen beneiden). Flo ist klein und dünn, ein bisschen ängstlich. Liest leidenschaftlich gern.

Kater Bandit wurde irgendwann von Sabine halb ertrunken gefunden und adoptiert. Die Familie liebt ihn. Bandit ist pechschwarz mit weißen Pfoten. Er hat nur ein Auge. Hofft, irgendwann Hamster Husch zu erwischen. Geht meistens mit den Kindern mit. Ist ein ganz besonderer Kater.

Inhalt

***Gabriele Cecilia Kuhnke** (geb. Ammermann;* 19. Juni 1946 in Olsberg) ist eine deutsche Schriftstellerin; sie hat sich vor allem durch ihre Kinder- und Jugendbücher einen Namen gemacht. Geboren im Sauerland, besuchte sie in Arnsberg das Mädchen-Gymnasium. Seit ihrer Kindheit fühlte sie sich zu Wasser und Schiffen hingezogen, arbeitete nach ihrer Schulzeit auf einem Rhein-Schleppkahn. Die zwölfbändige Reihe Die Acht vom großen Fluss erschien erstmals zwischen 1985 und 1991im Schneider-Buch-Verlag. Sie lebt in Sommerland zwischen Elmshorn und Glückstadt.*

Die Kinder und ein Kater

Wisst ihr, wo Diekhusen liegt? Nein? Dann holt euch rasch eine Karte von Deutschland und fahrt mit dem Zeigefinger nach oben in den Norden. Dort stoßt ihr auf einen breiten Fluss, der in die Nordsee mündet: die Elbe. An der EIbe liegt Glückstadt, und in der Nähe von Glückstadt liegt Diekhusen. Dort wohne ich.

Ich heiße Sabine Rehder. Im August werde ich zwölf Jahre alt. Aber bis dahin fließt noch viel Wasser die Elbe hinunter.

Ich bin so ziemlich die einzige von allen Kindern und Erwachsenen in Diekhusen, die dunkelbraune Haare hat. Fast alle anderen sind blond.

Als ich Mama missmutig mal fragte, warum nur ich eine dunkle Haarfarbe habe, meinte sie achselzuckend: „Darüber habe ich mir noch keine Gedanken gemacht. Wahrscheinlich hast du sie von deiner Urgroßmutter geerbt, der du ähnlich siehst."

„Hast du ein Foto von ihr als sie so alt war wie ich?", machte ich neugierig weiter.

„Nein. Leider sind die wenigen Kinderbilder von ihr verloren gegangen. Aber du brauchst dich nur selbst anzuschauen, dann weißt du, wie die Urgroßmutter ausgesehen hat."

Eilig zog ich mich in mein Zimmer zurück und lehnte einen kleinen, runden Spiegel gegen meine Federtasche. Ich setzte mich auf den Drehstuhl, legte die Arme auf den Schreibtisch, stützte das Kinn darauf und betrachtete kritisch mein Bild. Ob so wirklich meine Urgroßmutter als junges Mädchen ausgesehen hat? Haare bis auf die Schultern, zottelige Ponyfransen bis an die Augenbrauen, zu kurze Wimpern, eine zu schmale Nase, ein Pickel über der Oberlippe.

Rasch drehte ich den Spiegel um. Ausgesprochen hübsch ist meine Urgroßmutter wohl nicht gewesen, wenn sie mir ähnlich sah, stellte ich enttäuscht fest. Aber vielleicht würde es mir gelingen, ein hübsches Bild von ihr zu malen, wenn es schon kein Foto mehr von ihr gab. Rasch kramte ich meinen Zeichenblock hervor. Ich male nämlich sehr gern. Alles, was mich beschäftigt, versuche ich auf Papier festzuhalten. Die schönsten Zeichnungen klebe ich auf Pappe und hänge sie an den Wänden meines Zimmers auf. Viel Platz für neue Bilder ist nicht mehr vorhanden.

Meine Schwester Susanne, die wir der Kürze halber Su rufen, malt überhaupt nicht gern. Sie ist erst acht Jahre alt und spielt am liebsten mit ihren Puppen und Kuscheltieren, denen sie seltsame Namen gibt. Wie sie selbst haben alle ihre Puppen kleine abstehende Zöpfe mit bunten Schleifen, außer ihrer Babypuppe Gerapita, die keine Haare besitzt. Mit ihren Puppen und Stofftieren unterhält Su sich wie mit lebendigen Wesen, und wenn sie guter Laune ist, singt sie ihnen selbstgedichtete Lieder vor.

Außer Mama und Papa gehört noch Bandit zu unserer Familie. Bandit ist ein schwarzer Kater mit nur einem Auge. Seine Pfoten jedoch leuchten blütenweiß.

„Bandit sieht aus, als ob er weiße Socken trägt", lacht meine Schwester Su, wenn er sich die Pfoten besonders gründlich saubergeleckt hat.

Bei welchem Abenteuer Bandit sein rechtes Auge verloren hat, wissen wir nicht. Vor einigen Wochen habe ich ihn halb ertrunken im Schilf am Flussufer gefunden. Er ist so schwach und hilflos gewesen, dass er nicht einmal mehr stehen konnte.

„Armes Kätzchen, wollte dich jemand im Fluss ertränken?"

Vor Empörung habe ich beinahe geweint. Nass und schmutzig, wie er war, habe ich ihn in meinen Armen nach Hause getragen. Mama ist zuerst nicht begeistert von meinem Fund gewesen, aber als das jämmerliche, schwarze Bündel sie kläglich anmiaut hat, schmolz ihr Widerstand dahin.

Sie scheuchte Su und mich damals im Haus herum, um ein Handtuch zum Trockenreiben, ein Schälchen mit warmer Milch und den runden Weidenkorb zu holen, in dem sie ihre Stricksachen aufbewahrt. Die Wolle, mit der sie sonst so sorgsam umgeht, warf sie achtlos auf den Boden. Su opferte eines ihrer Puppenkissen, sogar das hübsche blaue mit den rosa Blümchen, und polsterte damit den Korb weich aus. Ich legte den kleinen Kater behutsam hinein, und mein Herz machte vor Freude einen Luftsprung, als seine zarte rosa Zunge zum Vorschein kam und zaghaft in die Milch hineintauchte.

„Wird er am Leben bleiben, Mama?", fragte ich ängstlich.

„Ganz bestimmt", beruhigte Mama sich selbst und uns. „Katzen sind zäh. Wenn wir uns gut um ihn kümmern, wird er schon durchkommen."

Als Papa vom Dienst nach Hause kam, hat er uns drei vor dem Korb sitzend vorgefunden.

„Nanu, was liegt denn da für ein zerzaustes, schwarzes Knäuel im Korb? Soll das etwa eine hübsche Katze sein? Sie sieht eher wie ein ausgezehrter, magerer Bandit aus."

So kam der kleine Kater zu seinem Namen. Inzwischen besteht er längst nicht mehr nur aus Haut und Knochen. Dank Mama, die ihn wie ein Baby verhätschelt hat, glänzt sein Fell jetzt wie Omas schwarzes Seidenhalstuch.

Stillschweigend haben wir Bandit als fünftes Familienmitglied akzeptiert.

Aber ich will ja von unserem Dorf erzählen. In Diekhusen gibt es nur neun Häuser. Alle stehen in einer langen Reihe nebeneinander. Ihre Rückseiten schmiegen sich eng an den Deich. Es sieht aus, als suchten sie dort Schutz vor dem unberechenbaren Fluss auf der anderen Seite. An den Vorderfronten der Häuser schlängelt sich die Landstraße wie ein endloser, schwarzer Wurm entlang. Auf der gegenüberliegenden Straßenseite breiten sich Wiesen aus, die schachbrettartig von Entwässerungsgräben durchzogen sind.

Im Haus Nummer 1 wohnt Flo mit seinen Eltern und seinen Zwillingsschwestern, die fast noch Babys sind. Flo heißt eigentlich Florian. Aber wir Kinder aus Diekhusen nennen ihn nur Flo, obwohl seine Mutter ärgerlich wird, wenn sie das hört. Ich finde, der Name passt prima zu ihm, weil er so klein und zappelig ist. Obwohl Flo schon zehn Jahre alt ist, ist er immer noch zwei Zentimeter kleiner als meine Schwester Su. Dafür hat er den schönsten Lockenkopf, den man sich vorstellen kann. Um seine Locken wird er von Su glühend beneidet.

„Locken würden mir als Mädchen viel besser stehen“, sagt Su mit saurer Miene. „Immer ist alles ungerecht verteilt!“

Flo liest leidenschaftlich gern spannende Geschichten, in denen mutige, unerschrockene Helden vorkommen, die die gefährlichsten Abenteuer mit Leichtigkeit bestehen. Dann vermischt sich bei ihm die Wirklichkeit mit der Welt seiner Supermänner, und er wandelt wie im Traum umher, sodass wir ihm erst einen ordentlichen Schubs geben müssen, um ihn auf den Boden der Tatsachen zurückzuholen.

Haus Nummer 8 hat ein Reetdach und gehört uns. Reetdach nennt man bei uns die Dächer, die mit Schilf gedeckt sind statt mit Dachpfannen.

Schaue ich in meinem kleinen Dachzimmer aus dem Fenster, so kann ich gerade über die Deichkrone blicken. Vor dem Deich strömt der breite Fluss dem Meer zu. Das gegenüberliegende Ufer ist so weit entfernt, dass es nur als dunkler Strich zu erkennen ist, und daran schließt sich ohne Übergang der Himmel an.

Große Schiffe fahren in der Mitte des Stromes vorüber.

„Die fahren in die ganze Welt", erzählt Papa, „nach Amerika und Afrika, nach Australien und China."

Papa muss das wissen, denn er ist Kapitän auf einem Zollkreuzer. Er und seine Mannschaft müssen darauf achten, dass das Flusswasser von anderen Schiffen nicht durch Öl verschmutzt wird, sie haben die Aufsicht über die Fischerei und müssen kontrollieren, ob an Bord der ankommenden Schiffe keine Schmuggelware versteckt ist.

Das finde ich sehr aufregend. Am liebsten möchte ich auch einmal mitfahren und einen Schmuggler festnehmen. Aber Papa sagt, so aufregend, wie ich mir das vorstelle, ist die Sache gar nicht.

Meine Schwester Su kann von ihrem Zimmerfenster aus nicht auf den Fluss schauen. Dafür blickt sie über die weite grüne Marsch. In der Ferne fließen das Grün der Wiesen und das Blau des Himmels ineinander über. Man weiß nie genau, wo die Wiesen aufhören und wo der Himmel anfängt.

Nummer 9 ist das einzige Haus in Diekhusen, das zweistöckig gebaut ist. Im Erdgeschoss wohnt mein Vetter Bastian mit seinen Eltern.

Obwohl Bastian und ich gleichaltrig sind, ist er einen ganzen Kopf größer als ich. Er hat borstige, kurze Stoppelhaare und die abstehendsten Ohren, die man sich vorstellen kann. Mit seinen Ohren kann er besser wackeln als unser Kater Bandit, wenn er aufgeregt ist.

Bastian interessiert sich sehr für Flugzeuge. Ich kann kommen, wann ich will, immer steht ein halbfertiges Flugzeugmodell in seinem Zimmer herum. Bastian mag seine Mutter schon gar nicht mehr in seine Bude lassen, denn wenn sie das Durcheinander sieht, flippt sie immer gleich aus, wie er sagt. Wenn er erwachsen ist, will er unbedingt Pilot werden. Am coolsten würde er es finden, einmal in einem Flugzeug mitfliegen zu dürfen, um Diekhusen und den breiten Strom aus der Vogelperspektive betrachten zu können.

Im ersten Stockwerk ihres Hauses haben Bastians Eltern, Tante Almut und Onkel Henning, ein Café eingerichtet. Dort kann man gemütlich sitzen und Torte essen oder ein Eis schlecken und dabei in aller Ruhe den Fluss und den kleinen Bootshafen betrachten oder auch träumen, dass man sich an Bord eines der großen Schiffe befindet und in die weite Welt hinausfährt.

Wenn ich Flos kleine Schwestern nicht mitrechne, sind das – Florian, Bastian, meine Schwester Su und ich – schon alle Kinder in Diekhusen. Das sind ja nicht viele, werdet ihr denken, da hat Sabine nicht einmal eine gleichaltrige Freundin. Doch, habe ich!

Es gibt nämlich etwas Besonderes in Diekhusen. Einmal den kleinen Bootshafen, in dem von Frühjahr bis Herbst Segelboote aller Klassen liegen. An den Wochenenden strömen die Städter zu ihren Wohnwagen auf dem Campingplatz, der Flos Vater gehört und einen Kilometer vom Dorf entfernt direkt am Deich liegt. Anschließend machen sie ihre Boote im Hafen flott und segeln von morgens bis Sonnenuntergang auf dem Fluss. Dann ist Diekhusen vollgestopft mit Menschen, und das Café von Bastians Eltern ist immer rappelvoll. Sonntagabend steigen alle in ihre Autos und brausen in die Stadt zurück. Die Woche über ist es dann wieder ruhig in Diekhusen.

„Das ist wie ein Spuk, der jedes Wochenende zur gleichen Zeit wiederkommt“, sagt meine Mutter dann immer lachend, bevor sie zum Café hinübergeht, um ihrer Schwester beim Bedienen der Gäste zu helfen.

Die andere Besonderheit ist der Bananensand. Der Bananensand ist eine Insel. Sie heißt nicht etwa so, weil dort Bananen wachsen (dafür ist es bei uns natürlich zu kalt), sondern weil sie die Form einer Banane hat.

Von meinem Zimmerfenster aus kann ich die Insel im Strom liegen sehen. Ein weißer Sandstreifen, der jetzt bei Ebbe sehr breit ist, umhüllt sie wie ein schützender Mantel. Fast ganz hinter Bäumen verborgen, lugt ein kleiner Teil vom mächtigen Reetdach eines Bauernhofes hervor. Der Bauernhof ist das einzige Haus auf der Insel.

Dort wohnt meine Freundin Heike Hansen mit ihrem Goldhamster Husch, der immer in irgendeiner ihrer Hosen- oder Jackentaschen sitzt, mit ihren Eltern, ihrem Bruder Heiko, zwanzig Kühen, einigen Schafen und Hühnern und dem Schäferhund Wotan.

Heike und Heiko sind keine Zwillinge, obwohl sie von Fremden oft dafür gehalten werden, weil sie beide die gleichen runden, stupsnasigen Gesichter und ähnlich geschnittene, kurze Haare haben.

Aber einen Monat im Jahr, nämlich im Dezember, sind sie beide gleichaltrig. Heike ist Anfang Januar zwölf Jahre alt geworden, und Heiko wird Ende November zwölf Jahre alt.

„Endlich habe ich dich eingeholt, Schwester“, grinst Heiko jedes Mal, wenn er Geburtstag hat.

Da Heike für ihr Leben gern Kartoffelbrei isst und Unmengen davon verdrücken kann, ist sie um die Taille etwas rundlich. Ihrem Bruder fehlt der rechte, obere Schneidezahn, den er bei einer Rauferei auf dem Schulhof verloren hat. Jetzt schiebt er immer seinen Kaugummi durch diese Lücke.

Pünktlich um drei Uhr fege ich Zeichenblock und Schulbücher zur Seite und öffne mein Fenster.

Drüben auf der Insel macht Heike dasselbe. Dort, wo sich ihr Zimmerfenster befindet, ist im Reetdach ein weißer Fleck zu erkennen.

Ich schwenke einen weißen Kopfkissenbezug vor meinem Fenster hin und her.

Das ist unsere Geheimsprache und bedeutet soviel wie: Fertig mit den Schularbeiten!

Ich lege den weißen Bezug zur Seite und winke mit einem grünen Schal, den ich aus Mamas Schrank stibitzt habe. Gespannt warte ich auf Antwort auf der Insel Bananensand.

Das grüne Tuch bedeutet: Kommst du rüber an Land?

Erscheint drüben als Antwort ebenfalls ein grünes Tuch, heißt das: Ja, ich komme!

Erscheint aber ein blaues Tuch, bedeutet das: Ich darf leider nicht!

Natürlich könnte ich auch das Telefon benutzen und einfach bei Heike anrufen. Aber telefonieren kann jeder. Das ist nicht spannend. Schwenkt eine von uns ein rotes Tuch, so bedeutet das: Gefahr! Sofort anrufen! Nur in diesem Fall benutzen wir das Telefon.

Drüben erscheint zu meiner Erleichterung ein grünes Zeichen. Heike darf also kommen! Ich atme auf, werfe die Tücher auf den Boden und springe die Treppenstufen hinunter.

Ich habe es so eilig, dass ich beinahe auf Bandit getreten wäre, der faul auf der Terrasse in der Sonne döst. Ärgerlich maunzend zieht er vorsichtshalber seinen Schwanz ein. Rasch laufe ich zur Rückseite unseres Hauses, hinter dem unmittelbar der

Deich steil ansteigt.

„Hallo, Schwester Sabinchen, mach mit mir ein Spielchen!“, dringt die Stimme meiner Schwester Su an mein Ohr.

Das hat mir noch gefehlt! Ärgerlich drehe ich mich um. Su sitzt mit ihrer Babypuppe Gerapita auf der Schaukel im Apfelbaum und erkundigt sich neugierig: „Wo willst du hin, Sabine?“,

Immer will sie alles wissen.

„Ich habe keine Zeit“, antworte ich ungeduldig. „Spiel mit deiner Puppe.“

„Ich habe keine Lust mehr, mit Gerapita zu schaukeln. Ich komme mit dir“, sagt sie, als ob das die selbstverständlichste Sache von der Welt wäre, und steht auf.

Bandit erhebt sich ebenfalls; er macht einen Katzenbuckel, streckt und reckt seine vier Beine und reißt das Mäulchen weit zum Gähnen auf.

Ich fühle, wie die Wut langsam in mir hochsteigt.

„Immer musst du hinter mir herlaufen. Ich will mich mit Heike treffen und du nervst“, rufe ich ungehalten.

„Ich nerve nicht.“

„Doch. Heike ist meine Freundin.“

„Meine auch.“

„Nein.“ Zur Bekräftigung meiner Worte gebe ich Su einen Schubs, dass sie gegen die Schaukel taumelt.

„Mama!“, schreit sie augenblicklich so laut, dass meine Mutter erschrocken den Kopf aus der Terrassentür steckt.

„Was ist passiert? Bist du von der Schaukel gefallen?“,

„Sabine will mich nicht mitspielen lassen“, beschwert sich Su.

Große Tränen kullern ihr die Wangen hinab.

Während ich noch staune, wie Su es fertig bringt, immer auf Kommando losheulen zu können, sagt Mama genervt: „Sabine, sei doch ein wenig netter zu deiner kleinen Schwester und nimm sie mit. Schließlich hat Su hier im Dorf kein gleichaltriges Mädchen zum Spielen."

„Leider!", melde ich mich aufgebracht.

Ich bin wütend auf Su, weil sie genau die Masche kennt, wie sie es anstellen muss, um Mama auf ihre Seite zu bekommen. Und ich bin wütend auf Mama, weil sie immer auf Sus künstliche Krokodilstränen hereinfällt.

„Also gut, komm mit", lenke ich wohl oder übel ein, weil ich aus Erfahrung weiß, dass es sonst keine Ruhe geben wird. Und ich will endlich zum Hafen. Bevor ich mich umwende, sehe ich noch, dass Sus Tränen schlagartig versiegt sind und dass sich ihr Mund triumphierend lachend in die Breite zieht. Manchmal ist sie ein richtiges kleines Biest.

Ohne mich weiter um Su zu kümmern, krieche ich auf allen vieren den Deich hinauf. Es gibt auch eingebaute Treppenstufen, damit man ganz bequem hinaufsteigen kann. Aber die benutze ich nie.

Gibt es Schmuggler?

Vom hellen Sandstreifen der Insel heben sich zwei schwarze Punkte ab, die sich zum Bootssteg hin bewegen.

Jetzt legt ein Boot ab. Das weiße Segel entfaltet

sich am Mast. Die kleine Jolle gehört Heike und Heiko gemeinsam. Sie ist genau 3,75 m lang und 1,57 m breit und hat sogar einen kleinen Außenbordmotor. Weiß und stolz wie ein Schwan gleitet das Boot über die Wellen. Nur ihr Dollbord und der Name zu beiden Seiten des Bugs sind dunkelblau gestrichen. Da sich Heike und Heiko auf keinen Namen einigen konnten, entschieden sie sich schließlich für die drei Anfangsbuchstaben ihrer Namen, HEI. Aus dem zweiten Buchstaben E wurde ein A. So hat die harmlose Jolle den gefährlichen Namen HAI erhalten.

Ich beneide Heike um ihre Insel. Stellt euch vor, welch ein Abenteuer, ganz allein auf einer Insel im Fluss zu wohnen und nur ab und zu Besuch von Seglern zu bekommen!

Heike hat meine Begeisterung rasch gedämpft.

„Aufregend ist da bestimmt nichts dran", hat sie achselzuckend gesagt, „im Gegenteil. Jeden Morgen müssen Heiko und ich nach Diekhusen segeln oder rudern, um von dort mit dem Bus zur Schule zu fahren, und mittags müssen wir wieder zurücksegeln. Wenn ich mit dir spielen will oder ein Schreibheft kaufen muss, wieder erst mit der HAI nach Diekhusen schippern, das ist ganz schön langweilig und anstrengend."

So wie andere Kinder ihre Fahrräder benutzen, gebrauchen Heike und Heiko ihr Boot.

„Das ist ja das Dumme", meint Heiko finster, „da wohnt man auf einer Insel und muss trotzdem zur Schule gehen. Eigentlich genügt es vollkommen, wenn ich mit der Jolle umgehen und Traktor fahren kann."

Aber seine Eltern sind anderer Ansicht, und so

bleibt ihm nichts übrig, als sich, wie wir anderen auch, in der Schule abzuplagen.

Wenn eine Klassenarbeit bevorsteht, sucht Heiko am Abend vorher hoffnungsvoll den Himmel nach Sturmwolken ab. Kommt endlich einmal ein Orkan, sodass man sich mit der Jolle unmöglich aufs Wasser wagen kann, geschieht das todsicher zum Wochenende, wo sowieso schulfrei ist.

„Ich bin eben ein Pechvogel", stöhnt Heiko dann schicksalsergeben.

Der Arme! Von mathematischen Formeln, englischen Vokabeln und deutscher Grammatik hat er wirklich keinen blassen Schimmer. Aber wie man ein Boot führt, da macht ihm so schnell keiner etwas vor. Nicht einmal Bastian, der doch sonst immer superschlau ist und alles besser weiß und der bereits eine saure Miene zieht, wenn er mal nur eine Drei in einer Klassenarbeit schreibt, kann ihm hier das Wasser reichen.

Das Boot ist näher gekommen. Heike sitzt achtern und darf ausnahmsweise mal steuern, während sich ihr Bruder damit begnügt, die Schot, die Leine zum Bedienen des Segels, zu halten.

Außer mir wartet ein großes Empfangskomitee am Hafen. Neben Su, die vergeblich versucht, einen ihrer dünnen, widerspenstigen Zöpfe um den Finger zu wickeln, hockt Bandit und kratzt sich ausgiebig hinter dem rechten Ohr. Auf einem Poller sitzen Bastian und Flo Rücken an Rücken. Flo reicht dem langen Bastian nicht einmal bis an die Schulter.

Inzwischen ist das Boot herangekommen. Das Segel gleitet am Mast herab. Heiko springt auf und hängt rasch einen Fender über Bord, damit die Bootswand beim Anlegen nicht an der Hafenmauer entlang schürft.

Da Ebbe ist, liegt die kleine HAI tief unter uns. Heike schleudert ein Tau wie ein Lasso zu uns herauf. Ich will es fangen. Aber Bastian kommt mir zuvor. Er schnappt es mir vor der Nase weg und legt es um den Poller.

„Musst ein bisschen schneller aufstehen, Sabine“, spottet er.

Heike klettert als erste die eisernen Sprossen in der Mauer empor. Aus dem Halsausschnitt ihrer Bluse lugt Husch, der Goldhamster.

Flo kramt hastig in seinen Hosentaschen und fördert eine angebissene Möhre zutage.

„Hier ist etwas Leckeres für dich, Husch“, lockt er und hält dem Hamster einladend die Wurzel hin.

Husch, der nicht größer als Heikes Faust ist, packt rasch mit seinen kleinen Pfötchen zu und reißt mit seinen scharfen, langen Nagezähnen in Windeseile große Brocken aus der Wurzel, die alle in seinen Backentaschen verschwinden. „Ich wünschte, ich hätte auch so einen Goldhamster“, seufzt Flo kummervoll, „aber meine Mutter will keine Tiere haben, weil sie eine Allergie gegen Kaninchen und Meerschweinchen hat.“

„Du kannst ja ab und zu mit meinem Goldhamster spielen“, tröstet Heike ihn, um gleich zärtlich zu schimpfen: „Nun reicht es aber, Husch! Sonst sind nachher meine Hosentaschen voller Wurzelstückchen, wenn du deine gehamsterten Sachen dort ausleerst.“

Plötzlich hält Husch von allein inne. Seine flinken, schwarzen Äuglein haben Bandit erspäht. Wie der Blitz huscht er an Heikes Arm entlang und verschwindet kopfüber im Ausschnitt ihres T-Shirts.

Bandit, der mit Kratzen aufgehört hat und erwartungsvoll nähergeschlichen ist, bleibt enttäuscht stehen, als der Hamster so überstürzt verschwindet.

„Pech gehabt, Kater!“, lacht Su ihn aus. „Der Braten war schneller als du.“

„Hoffentlich frisst Bandit deinen Hamster nicht doch noch eines Tages, Heike“, sorgt sich Flo und betrachtet den Kater misstrauisch von der Seite. „Ich würde ihm nicht trauen. Vielleicht schmecken ihm Hamster besser als Mäuse.“

„Ich passe schon auf Husch auf, Flo“, beruhigt Heike ihn.

„Habt ihr Lust Inlineskates zu fahren?“, schlage ich vor.

„Ihr Mädchen könnt ja eure Inliner holen“, sagt Bastian gelangweilt von oben herab und tippt lässig an den Schirm seiner Baseballkappe. „Heiko, Flo und ich haben etwas Besseres vor.“

„Das ist ja ganz was Neues“, staunt Heike. „Wir spielen doch immer alle acht zusammen.“

„Wieso alle acht?“, erkundigt sich Flo verblüfft. „Wir sind doch nur sechs.“

„Du hast meinen Hamster Husch und Kater Bandit vergessen“, belehrt Heike ihn. „Die sind meistens auch dabei.“

„Was ist denn nun?“, frage ich ungeduldig. „Wollen wir inlineskaten oder nicht?“ Ich bin ziemlich durcheinander, weil keiner so richtig auf meinen Vorschlag reagiert.

„Ab heute wollen wir Jungen für uns sein“, knurrt Bastian unwirsch. „Wir wollen einen Geheimbund gründen, und das ist nichts für Mädchen.“

„Wieso ist das nichts für Mädchen?“, empöre ich mich.

„Weil das zu gefährlich ist“, brummt Heiko, dessen blonder Schopf gerade über der Hafenmauer auftaucht.

„Wir wollen nämlich Schmuggler fangen“, fügt Flo hinzu und macht ein wichtiges Gesicht.

„Ihr braucht keine Schmuggler zu fangen“, mischt sich Su ein, „das macht unser Papa schon.“

„Warum ist Schmuggler fangen zu gefährlich für Mädchen?“, bohre ich nach. Nun will ich es genau wissen, und manchmal kann ich genauso hartnäckig wie Su sein.

„Mädchen sind eben zu schwach und zu zickig“, erklärt Heiko umständlich. „Sie können nicht auf Bäume klettern und kein Geheimnis bewahren.“

„Wieso sollen Mädchen nicht auf Bäume klettern können?“, empört sich Su lautstark. „Wetten, dass ich rascher hinaufkomme als Flo?“

„Flo ist von euch Mädchen schon zu sehr beeinflusst worden“, sucht Heiko angestrengt nach einer Ausrede. „Weil er andauernd mit euch spielt, ist er verweichlicht.“

Die sonst so friedfertige Heike läuft vor Ärger im Gesicht rot an. Sie stemmt die Fäuste in die Hüften und holt tief Luft.

„Jetzt reicht es mir aber, Heiko – Bruder! Hast du nicht mehr alle Tassen im Schrank?“

Sie tippt sich unmissverständlich an die Stirn.

„Wer hat dir denn diese irren Gedanken in den Kopf gesetzt, dass Mädchen weniger können als Jungen?“, fragt sie sich und auch uns.

„Das war bestimmt mein superkluger Vetter Bastian“, spotte ich. „Warum sind wir auf einmal nicht mehr gut genug für euch?“

„Weil wir unter uns Männern sein wollen!“, regt sich Bastian künstlich auf. „Ihr stört uns! Habt ihr das endlich kapiert? Heiko, Flo, kommt, wir gehen!“

Flo guckt unschlüssig zwischen den Jungen und uns hin und her. Ich sehe ihm an, dass er lieber bei uns bleiben möchte.

„Vielleicht können die Mädchen ja doch mit uns…“, beginnt er zögernd.

„Nein!“ brüllt Bastian jetzt wütend. „Aber wenn du lieber mit Su Puppen spazieren fahren willst, bitte! Ich habe nichts dagegen. Los, Heiko, wir verschwinden.“

Flo stößt einen tiefen Seufzer aus, zuckt entschuldigend mit den Schultern und trabt schnell hinter Heiko und Bastian her.

Heike, Husch, Su, Bandit und ich bleiben einsam auf der Mole zurück.

Verdutzt blicken wir den drei Jungen nach, die am Strand entlang laufen und im Schilf verschwinden.

„Ich habe eine Idee“, sage ich schließlich. „Wollen wir ihnen nachschleichen und herausfinden, was sie vorhaben?“

„Oh ja“, stimmt Su begeistert zu.

„Willst du nicht lieber nach Hause gehen und mit deinen Puppen spielen?“, schlage ich gedehnt vor.

Wenn die Jungen schon nicht mit uns spielen wollen, möchte ich viel lieber mit Heike allein sein.

Aber Su lässt sich nicht abschütteln, schon gar nicht, wenn wir etwas so Spannendes vorhaben.

Wir rennen am Flussufer entlang. Bandit folgt uns langsam. Husch übt eine magische Anziehungskraft auf ihn aus. Bandit gibt die Hoffnung nicht auf, ihn eines Tages vielleicht doch noch verspeisen zu können, um festzustellen, was besser schmeckt: Maus oder Hamster.

Der kurze Sandstreifen hört plötzlich wie abgeschnitten auf. Wir stehen vor einer hohen Schilfwand, die auch bei Ebbe stellenweise bis ans Wasser reicht. Ein schmaler Pfad führt hindurch. Bei Flut steht er unter Wasser und man bekommt nasse Füße.

Der Boden ist noch feucht vom abgelaufenen Wasser. Es riecht nach Fäulnis. Wir schleichen wie durch einen Dschungel. Der leichte Wind wedelt die Halme wie Fächer über unseren Köpfen hin und her. Wie mit dem Messer abgeteilt, endet der Schilfwald plötzlich. Vorsichtig biegen wir die Halme etwas auseinander. Am Ende eines schmalen Sandstreifens kämpfen runzelige Weiden um ihr Dasein.

Gerade will ich mich aus der Schilfdeckung wagen, da zucke ich zurück.

Heikos Stimme ist deutlich zu vernehmen.

„Gib mir mal den Hammer, Flo, du haust dir damit höchstens auf die Finger.“

„Und was soll ich machen?“

„Du kannst das Fernglas nehmen und nach Schmugglern Ausschau halten.“

Ich reibe mir die Augen. Der Sandstreifen bleibt leer. Weder Heiko noch Flo sind zu sehen, obwohl ich ihre Stimmen deutlich vor mir gehört habe.

„Wo stecken die denn?“, frage ich verdutzt.

Heike kriecht auf allen vieren heran und späht durch die Halme.

„Das schockt!“, flüstert sie erregt. „Die sitzen oben in der Weide.“

Tatsächlich! Zwischen den Blättern schimmert etwas Rotes. Das muss Flos T-Shirt sein.

„Die bauen da oben einen Ausguck“, wispert Heike verblüfft. „Deshalb hat sich Heiko beide Hosentaschen voll Nägel gestopft.“

„Und wir haben nichts davon gemerkt“, ärgere ich mich. Am meisten aber ärgert mich, dass wir nicht selbst auf die Idee gekommen sind.

Lautes Hämmern dringt zu uns herunter.

„Immer nur durch das Fernglas auf den Fluss schauen ist langweilig“, hören wir Flo maulen. „Woran erkenne ich überhaupt, welches Schiff ein Schmugglerschiff ist?“

„Du musst das doch wissen“, mischt sich Bastian ein. „Du liest doch immer so spannende Bücher.“

„Ich sehe aber kein Schiff mit einer Totenkopfflagge.“

„Halt nur weiter Ausschau“, ermuntert Heiko ihn. „Vielleicht segelt bald eins vorbei. Also, Holzauge, sei wachsam.“

„Das ist er!“ ruft Bastian begeistert. „Das ist er genau!“

„Wer?!“

„Unser Name! Holzauge! Wir nennen uns Holzauge!“

„Findest du, dass das ein guter Name ist?“, fragt Heiko zweifelnd. Sein rundes Gesicht taucht zwischen den Blättern der Weide auf. Er spuckt sein Kaugummi mitten ins Schilf. Beinahe wäre es mir auf den Kopf gefallen.

„Ich dachte eher an Blutige Hand oder ... “

„Der rächende Geist“, fällt Flo ihm eifrig ins Wort.

„Pah“, macht Bastian geringschätzig, „solche Namen hat jeder gewöhnliche Geheimbund. Aber ich habe noch nie von einem gehört, der Holzauge heißt.“

„Da hast du recht“, stimmen die beiden nach längerem Nachdenken zu.

„Los kommt, unseren Namen müssen wir mit einem Schluck Rum begießen. Die Holzaugen, sie leben hoch! Prost!“

Heike stößt mich an: „Ob die da oben wirklich echten Rum haben, Sabine?“

Ich zucke die Schultern und krieche rasch ein Stück zurück, denn eben fliegt eine Strickleiter aus der Weide. Bastians lange, braune Beine klammern sich daran fest. Dann folgt der Rest, seine ausgefransten Skater-Jeans, sein vor Stunden vielleicht noch weißes T-Shirt und schließlich sein borstiger, strohblonder Schopf mit den abstehenden Ohren, auf denen schief die Baseballkappe sitzt.

„Ich halte mal nach Strandgut Ausschau“, verkündet er.

Kommt er zum Schilf, muss er uns unweigerlich entdecken. Zum Glück schlendert er über den Strand zum Wasser und balanciert auf das Stack hinaus.

Ein Stack ist ein mit Steinen befestigter Damm, der quer zur Stromrichtung vom Ufer aus in den

Fluss hineingebaut wird. Dadurch soll das Ufer vor der Strömung geschützt werden. Außerdem spült sich die Fahrrinne, da der Fluss an beiden Seiten eingeengt ist, von selbst tiefer. Zwischen den Stacks lagern sich Schlick und Sand ab.

Jetzt, bei Ebbe, ragt der schmale Steindamm völlig aus dem Wasser. Sein Ende ist mit einer Pricke gekennzeichnet. Eine Pricke sieht aus wie ein umgekehrter Besen. Sie ragt bei Hochwasser, wenn das Stack überspült ist, noch aus dem Wasser und zeigt den Seglern, dass sie sich mit ihren Booten nicht zu nahe ans Ufer wagen dürfen.

„Hier ist eine Planke angespült worden. Die können wir gut gebrauchen. Kommt her und helft mir bei der Bergung!“, befiehlt Bastian im Kommandeurston.

Im Handumdrehen hangelt sich der kleine Flo an der Strickleiter herunter.

Heiko springt der Einfachheit halber sofort vom Ausguck in den Sand. Das bringt ihm einen Verweis von Bastian ein.

„Heiko! Unser Ausguck befindet sich zehn Meter über dem Erdboden! Du kannst doch nicht einfach herunterspringen, ohne dir Arme oder Beine zu brechen.“

„Wieso?“, fragt Heiko und guckt verblüfft an der Weide hoch. „Schätze, das sind gerade zwei Meter.“

„Stell dir eben vor, dass es zehn Meter sind.“

„Wie soll ich mir vorstellen, dass es zehn Meter sind, wo ich doch genau sehe, dass es höchstens zwei sind“, knurrt Heiko verständnislos.

„Du hast überhaupt keine Fantasie“, sagt Bastian verärgert. „Wie wollen wir Schmuggler fangen, wenn du nicht genug Einbildungskraft hast, dir welche vorzustellen!“

„Ich denke, wir wollen echte Schmuggler fangen und keine eingebildeten!“, protestiert Heiko energisch.

„Echte?“, fragt Flo und sieht sich ängstlich um, als stünden bereits ein Dutzend finsterer Gestalten hinter ihm. „Die echten sollten wir lieber Sabines und Sus Vater überlassen, der kennt sich da besser aus.“

„Feigling!“ lästert Heiko.

„Am liebsten würde ich jetzt zum Ausguck hinaufklettern“, flüstere ich Heike und Su zu.

„Das ist zu riskant“, warnt die vorsichtigere Heike. „Das können wir nur wagen, wenn die Jungen nicht in der Nähe sind.“

„Sie kommen zurück!“, ruft Su und zappelt aufgeregt mit den Armen.

„Psst!”, zische ich.

Die drei schleppen das gestrandete Brett dicht an uns vorüber.

„Wir ziehen uns am besten zurück und beraten in Ruhe, was zu tun ist“, wispere ich.

Su bewegt sich unachtsam. Die Halme geraten in Aufruhr und schlagen raschelnd gegeneinander. Die Holzaugen halten inne.

„Da ist jemand im Schilf“, kombiniert Bastian und kneift misstrauisch die Augen zusammen.

„Vielleicht die Mädchen?“, meint Heiko und lässt die Planke los. „Ich sehe mal nach. Die können was erleben, wenn sie uns nachgeschlichen sind!“

„Miau“, macht Bandit da im richtigen Augenblick.

Heiko hält mitten in der Bewegung inne.

„Ach, das ist nur der Kater von Sabine“, winkt er beruhigt ab.

„Dann klettere nach oben und zieh das Brett rauf!“, kommandiert Bastian. „Los, Flo, du kannst Heiko dabei helfen!“

„Gut gemacht, Bandit!“, flüstere ich erleichtert und kraule den Kater unter dem Kinn. Das mag er nämlich besonders gern. Schleunigst ziehen wir uns zurück.

Holzaugen und Neunaugen

Ratlos sitzen Heike, Su und ich auf der Deichkrone und starren trübsinnig über den Fluss. Ohne die drei Jungen kommen wir uns richtig verlassen vor. Wir malen uns aus, wie schön es wäre, wenn wir auch zur Bande der Holzaugen gehören würden und beim Bau des Ausgucks helfen dürften. Wir wissen nicht, was wir allein anfangen sollen.

„Die Jungen sind gemein!“, mache ich meinem Ärger Luft. „Sie haben uns einfach beiseite geschoben wie altes Spielzeug. Das schreit nach Rache. Findet ihr nicht auch?“

„Eines Tages werden die schon wieder angestiefelt kommen“, beruhigt Heike uns.

Sie spitzt die Lippen und fiept leise. Augenblicklich wird es unter ihrem T-Shirt lebendig, und schon drängt sich der Kopf des Hamsters aus der Kragenöffnung. Husch schlüpft heraus, rennt geschäftig über Heikes Arm und macht auf ihrer Hand Männchen. Das sieht so niedlich aus, dass ich lachen muss. Heike streichelt mit dem Zeigefinger der anderen Hand behutsam über sein goldbraunes Rückenfell.

„Normalerweise schläft Husch tagsüber, weil er ein Nachttier ist", sagt sie in Gedanken versunken. „Aber inzwischen hat er sich mir angepasst".

„Schläft er etwa nachts bei dir im Bett?", erkundigt sich Su neugierig und schrickt gleichzeitig zusammen. „Ich glaube, ich würde vor Schreck laut schreien, wenn mir der Hamster im Dunkeln über das Gesicht huschen würde."

„Warum?", fragt Heike verwundert. „Mich würde das nicht stören. Aber er kommt nachts in seinen Käfig. Sonst würde er im Zimmer umherrennen und alle Möbel annagen. Die Schreibtischbeine können bereits ein Lied davon singen."

„Ein komisches Tier, so ein Goldhamster", überlegt Su. „Eigentlich sieht es aus wie eine Maus, ist aber keine."

„Na hör mal!" Heike richtet sich auf und tut beleidigt. „Husch sieht wirklich nicht aus wie eine Maus! Eine Maus ist grau und hat einen langen, dünnen Schwanz. Mein Hamster aber hat ein seidiges, goldenes Fell und nur ein ganz kleines Stummelschwänzchen. Und schau nur, wie hübsch sein Gesicht ist, seine . . . "

„Hamster hin, Hamster her", unterbreche ich Heike, denn wenn sie erst anfängt, über die Vorzüge ihres Lieblings zu plaudern, hört sie so schnell nicht wieder auf.

„Wie zahlen wir es den Holzaugen heim, dass sie uns verstoßen haben?"

„Sieh doch nicht so schwarz", versucht Heike mich aufzuheitern. „Vielleicht lassen die Jungen ja noch mal mit sich reden. Wir müssen ihnen nur klarmachen, dass Schmugglerfangen mit uns zusammen viel mehr Spaß bringt."

„Nein!“ Ich schüttele so wild den Kopf, dass mir meine Haare ins Gesicht fliegen. „Etwa hinterherlaufen und betteln, dass sie uns in ihre Bande aufnehmen? Kommt gar nicht in Frage! Das wäre das letzte, was ich tun würde.“

„Dann weiß ich auch nicht, wie wir die Karre aus dem Matsch ziehen sollen“, sagt Heike mutlos. „Was meinst du dazu, Su?“

Su, die viel zu lebhaft ist, um lange stillsitzen zu können, hat sich längst erhoben und hüpft auf einem Bein auf der Deichkrone hin und her. Dabei bewegt sie die Lippen lautlos, als ob sie zählte. Bei Heikes Frage gerät Su ins Straucheln und stellt rasch den anderen Fuß auf den Boden, um nicht hinzufallen.

„Mist! Nun bin ich ab“, pustet sie außer Atem. „Beinahe hätte ich es bis hundert geschafft.“

Ich bin empört, weil Su so vergnügt umherhüpft, als würden sie unsere Probleme mit den Holzaugen überhaupt nichts angehen.

„Was überlegt ihr denn so lange?“, ruft Su und macht einen Luftsprung über Bandit hinweg, der sich faul in der Sonne aalt und ihr ungerührt nachblickt.

„Wir gründen eben auch eine Bande und fangen den Holzaugen alle Schmuggler vor der Nase weg.“

Mir fällt vor Staunen der Unterkiefer herunter. Manchmal hat Su ganz brauchbare Ideen. Wenn ich das auch meistens nicht wahrhaben will, weil ich mich ärgere, dass ich nicht selbst auf die einfache Lösung gekommen bin.

„Super!“, strahlt Heike erleichtert. „Damit wäre unser Problem aus der Welt geschafft. Komm, Sabine, mach nicht mehr so eine saure Miene wie zehn

Tage Regenwetter und hör auf zu maulen. Wir bauen uns selber einen Ausguck!"

„Ob wir das auch hinkriegen?", überlege ich laut. Doch die Idee macht mir schon Spaß.

„Klar kriegen wir das hin", will Su mir einreden. „Unser Ausguck wird tausendmal schöner als der der Jungen. Ich frage nämlich Papa, ob er uns beim Bau hilft. Wenn ich ihn lange genug darum bitte, tut er es bestimmt."

Das glaube ich auch, denn ich weiß aus eigener Erfahrung, wie hartnäckig und lästig Su sein kann, wenn sie etwas erreichen will.

Vor meinen Augen entsteht langsam ein wunderschöner Ausguck hoch oben in der höchsten Weide am Fluss, und ich male mir aus, wie die Jungen vor Neid erblassen werden.

„Wenn unser Ausguck erst einmal fertig ist", rufe ich ganz begeistert von dieser Vorstellung, „werden es die Holzaugen sein, die angekrochen kommen und betteln, dass sie wieder mit uns spielen dürfen!"

„Dann bekommen sie aber etwas zu hören", kichert Su schadenfroh. Die gutmütige Heike sagt einlenkend: „Eigentlich war es doch immer sehr nett, wenn wir alle zusammen am Fluss gespielt haben. Falls die Jungen uns also darum bitten, können wir ihnen ruhig verzeihen."

„Kommt Zeit, kommt Rat", antworte ich diplomatisch. „Aber bevor wir uns an den Bau eines Ausgucks machen, brauchen wir einen Namen für unsere Bande. Die Jungen nennen sich Holzaugen."

„So, wie die sich benommen haben, würde Holzköpfe viel besser passen!", kichert Su.

Wir lachen unwillkürlich mit.

Plötzlich habe ich einen meiner Geistesblitze, was ab und zu vorkommt.

„Mir ist ein toller Name für unsere Bande eingefallen!"

„Lass hören." Heike und Su beugen sich gespannt vor.

„Neunauge!" platze ich heraus.

„Neunauge?", fragt Heike gedehnt. „Neunaugen sind doch Fische! Der alte Kuddel, der in Haus Nr. 3 wohnt, hat schon einmal ein paar in der Elbe gefangen."

„Fische?", fragt Su enttäuscht. „Wie sehen die denn aus?"

„Wie Schlangen", erläutert Heike in aller Seelenruhe. Sie weiß über alle Tiere Bescheid, die im und am Fluss leben.

„Igitt", ekelt sich Su, „wenn sie wie Schlangen aussehen, schlage ich einen anderen Namen für unsere Bande vor. Warum heißen die Fische Neunaugen?"

„Weil sie zwei richtige Augen und sieben Atemlöcher haben. Die Atemlöcher sitzen seitlich am Körper und sehen beinahe wie Augen aus. Daher kommt der Name Neunauge."

„Das ist ja alles gut und schön", meint Su, „aber ich kapiere wirklich nicht, was die Fische mit unserer Bande gemeinsam haben."

„Die Augen! Wenn ich unsere Augen zusammenzähle, komme ich ebenfalls auf neun Augen", behaupte ich ungeduldig.

Heike sieht mich erstaunt an und zählt an den Fingern ab.

„Sabine – zwei, Su – zwei, ich – zwei. Tut mir leid, ich komme nur bis sechs. Wo nimmst du die restlichen drei Augen her, Sabine?"

„Vielleicht hat Sabine drei Hühneraugen“, kichert Su.

„Quatsch! Ihr seid vielleicht blöd! Husch hat zwei Augen, das sind schon acht. Bandit nehmen wir ebenfalls in unsere Bande auf. Er hat nur ein Auge – das sind zusammen neun.“

„Wenn du die Augen vom Kater und vom Hamster dazuzählst, hast du recht“, stimmt Heike zu.

„Müssen wir jetzt auch mit einer Flasche Rum auf unseren Namen anstoßen, so wie die Jungen das gemacht haben?“, erkundigt sich Su mit großen Augen.

Ich überlege einen Moment. Aber da ich nicht weiß, wo ich jetzt eine Flasche Rum hernehmen soll, sage ich schnell: „Das ist nicht nötig. Es genügt, wenn wir unsere Arme überkreuzen, jede der anderen eine Hand reicht."

Mit einem feierlichen Händedruck ist unser Geheimbund besiegelt. Bandit und Husch müssen wir leider vom Pfotengeben ausschließen, da Husch das wohl kaum überlebt hätte.

Einträchtig lassen wir uns wieder nebeneinander auf dem Deich nieder. Ich fühle mich leichter. Meine Wut auf die Jungen ist verraucht. Jetzt haben wir wichtigere Dinge vor. Wir müssen überlegen, wo und wie wir unseren Ausguck bauen.

„Genügend feste Bretter kann ich auf unserem Hof bestimmt auftreiben", schlägt Heike vor. „Wir müssen nur meinen Vater bitten, ob er sie mit seinem Arbeitsboot nach Diekhusen transportiert."

„Okay. Hammer und Nägel kann ich aus Papas Werkzeugkiste besorgen."

Mitten in unser Pläneschmieden platzt Heikos Stimme. Er steht an der Mole und schreit: „Heike, wir müssen nach Hause!"

„Tschüs, bis morgen", sagt Heike und steht auf.

Sie stopft Husch behutsam in ihr T-Shirt zurück und rennt mit ausgebreiteten Armen den Deich hinab.

Bandit überlegt, ob er ihr nachlaufen soll, kommt aber zu dem Entschluss, dass er keine Chance hat, den Hamster zu erwischen. Enttäuscht schlägt er mit der Pfote nach einer Fliege und trottet gemächlich nach Hause.

„Vergiss nicht, deine Mutter zu fragen, ob du morgen nach der Schule gleich bei uns bleiben darfst!", gebe ich Heike mit auf den Weg.

Zum Zeichen, dass sie mich verstanden hat, winkt sie mit beiden Armen. „Ich gehe auch nach Hause“, gähnt Su gelangweilt. „Hier ist ja nichts mehr los.“

Singend hüpft sie hinter Bandit her.

Als die kleine, weiße Jolle von der Mole abgelegt hat und in Richtung Bananensand segelt, taucht Bastians lange Gestalt aus dem Schilf auf.

Erwartungsvoll richte ich mich auf. Bastian muss jetzt die Tageszeitung in Diekhusen austragen. Ich will die günstige Gelegenheit ergreifen, um mir rasch den Ausguck anzuschauen.

Wo bleibt Flo nur? Fieberhaft spähe ich zum Schilfdickicht hinunter. Aber Flos Lockenkopf kommt leider nicht zum Vorschein. Bastian hat ihn bestimmt als Wache zurückgelassen, weil er mir nicht über den Weg traut.

Enttäuscht schlendere ich ebenfalls nach Hause. Mir fällt ein, dass ich vor dem Abendessen noch rasch ein Abzeichen unseres Geheimbundes basteln kann.

Geheimnisvolle Tüten

Um nicht gestört zu werden, schließe ich meine Zimmertür ab, denn es ist nicht einfach, irgendetwas vor Su geheim zu halten. Andauernd steckt sie ihre kleine, schnüffelnde Nase in meine Angelegenheiten und scheut sich auch keineswegs, durch Schlüssellöcher zu spähen. Diesen Spaß verderbe ich ihr, indem ich ein T-Shirt über die Türklinke hänge.

Aufatmend setze ich mich an meinen Schreibtisch.

Aus Zeichenkarton schneide ich ein gleichseitiges, ungefähr fünf Zentimeter langes Dreieck aus. Den Untergrund male ich mit Wasserfarbe quittengelb an. Mit einem blauen Filzstift zeichne ich neun pyramidenförmig angeordnete Augen darauf. Ein schwarzer Punkt thront als Pupille in der Mitte jedes Auges.

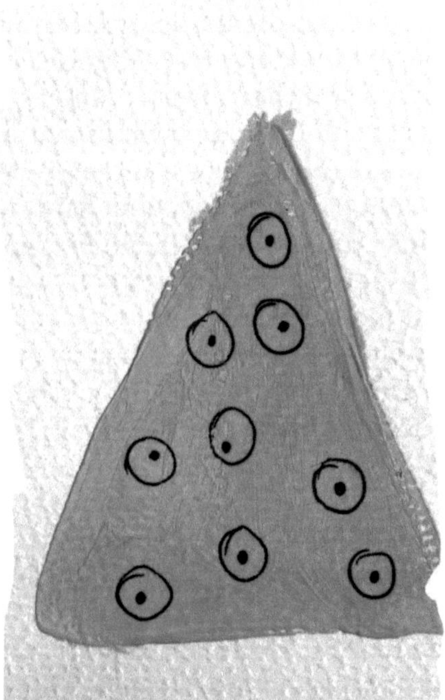

Gerade suche ich in der Schublade nach einer Sicherheitsnadel, als ich bemerke, wie der Türgriff sacht herunter gedrückt wird.

Pech gehabt, grinse ich insgeheim.

„Sabine, warum hast du abgeschlossen?“, ertönt Sus Stimme, denn es ist natürlich meine Schwester, die hinter der Tür lauert.

„Geheime Sache“, wispere ich dumpf hinter der hohlen Hand.

Dadurch wird Sus Neugier noch mehr angefacht.

„Mach auf, Sabine!“

„Nein.“

„Mama, Sabine hat sich eingeschlossen“, sucht Su laut nach Hilfe.

„Na und?“, höre ich die amüsierte Stimme meiner Mutter. „Lass Sabine doch. Das Abendessen ist übrigens fertig, ihr könnt herunterkommen.“

„Sabine, du bist blöd!“ macht Su ihrem Ärger Luft.

Ich höre, wie sie die Treppe hinabpoltert.

Endlich habe ich zwischen Tintenpatronen, Radiergummis und Büroklammern eine Sicherheitsnadel entdeckt und hefte mit deren Hilfe das Abzeichen an mein Sweatshirt.

„Sabine, wo bleibst du?“, ruft Mama etwas lauter. „Papa muss zum Nachtdienst.“

„Ich bin ja schon unterwegs!“

Rasch schließe ich die Tür auf und hetze die Treppenstufen hinab. In der Diele bleibe ich einen Moment vor dem hohen Spiegel stehen.

„Das Abzeichen ist gut gelungen!“, lobe ich mich selber.

Papa, Mama und Su sitzen am gedeckten Tisch und haben bereits zu essen angefangen. Mein Platz auf der Eckbank ist noch frei. Bandit hockt vor seinem Teller auf dem Boden und zerbeißt genussvoll einen Katzenkeks nach dem anderen. Das hört sich an, als ob er Nüsse aufknackt.

„Du brauchst wohl immer eine Extraeinladung, Sabine“, macht Mama mich an. „Dein Rührei ist inzwischen kalt geworden.“

„Es schmeckt auch kalt“, sage ich ungerührt, setze mich hin und starre alle erwartungsvoll an. Aber niemand nimmt von meinem Abzeichen Notiz, nicht einmal Su, der sonst immer alles auffällt.

„Bemerkt ihr nichts an mir?“, frage ich enttäuscht und drücke auffällig meine rechte Brust heraus.

„Nein, was denn?“ Su will mich ärgern. „Du siehst so langweilig aus wie immer.“ Ich überhöre die Bemerkung großzügig.

„Na hier“, schnaufe ich unwirsch und deute auf das Abzeichen an meinem Sweatshirt.

Papa schaut auf.

„Was soll das sein?“, fragt er. „Ein neues Schmuckstück?“

„Mensch, Papa, das ist ein geheimes Abzeichen“, erkläre ich genervt.

„Was bedeutet es, Sabine?“

„Kannst du das nicht erkennen, Papa?“

„Hm, ein Dreieck mit neun Kreisen?“

„Das sind keine Kreise, sondern Augen, Papa. Du kannst doch an den Pupillen deutlich sehen, dass es Augen sein müssen.“

„Tatsächlich!“ beeilt sich Papa zu versichern. „Wie dumm von mir, natürlich sind es Augen.“

„Das sind unsere Augen“, erklärt Su kauend. „Meine, Sabines, Heikes, Huschs und das eine Auge von Bandit.“

„Su, iss zuerst auf, bevor du sprichst“, tadelt Mama.

„Hab ich ja schon“, verteidigt sich Su.

„Das ist wirklich eine schwer geheime Sache!“, lacht Papa. „Darauf wäre ich nie gekommen.“

„Sabine, jetzt weiß ich auch, warum du vorhin so geheimnisvoll getan hast. Machst du mir auch so ein Abzeichen?“

„Vielleicht, wenn du nett bist."
„Wieso nett? Natürlich muss ich ein Abzeichen haben. Schließlich gehöre ich zur Bande der Neunaugen."
„Ja, leider", stimme ich zu.
„Du bist gemein, Sabine."
„Und du bist so lästig wie eine Stechfliege."
„Nein."
„Doch."
„Nun geht das Gezanke schon wieder los", seufzt Mama ergeben und stellt die Teekanne ein wenig zu energisch auf den Tisch, sodass etwas Tee herausspritzt. Die Flecken auf der Tischdecke bessern ihre Laune keineswegs.
„Jetzt kann man nicht einmal mehr in Ruhe zu Abend essen. Sabine, du solltest mit deinen zwölf Jahren vernünftiger sein."
„Wenn ich vernünftig sein soll, bin ich plötzlich schon zwölf", brause ich auf, „aber wenn ich abends einen Film im Fernsehen sehen will, bin ich erst elf und viel zu klein. Immer nimmst du Su in Schutz, weil sie dein Liebling ist."
„Unsinn!", empört sich Mama.
Auf ihren Wangen erscheinen zwei rote Flecke, ein sicheres Zeichen dafür, dass sie sich aufregt.
„Ich habe euch beide gleich lieb, und das weißt du auch, Sabine. Aber dieser ewige Streit geht mir auf die Nerven. Wie kann man erwarten, dass sich fremde Völker vertragen und dass Frieden in der Welt ist, wenn sich bereits die eigenen Schwestern gegenseitig bis zur Weißglut ärgern?"
„Das musst du nicht so tragisch nehmen, Uta", mischt sich Papa besänftigend ein. „Ich habe mich früher auch mit meinen Geschwistern gestritten.

Das gehört zur Kindheit!", sagt er.

„Du bist ja die meiste Zeit nicht zu Hause, Ulf, und brauchst dir das Geschrei nicht anzuhören. So oft habe ich mich mit meiner Schwester nicht gezankt. Ihr könnt ja Tante Almut fragen, wenn ihr mir nicht glaubt."

„Ich kann mir gar nicht vorstellen, Mama, dass du auch einmal ein Kind warst", kichert Su hinter ihrer Teetasse.

„Wieso denn nicht?", fragt Mama irritiert. „Sehe ich etwa schon so alt aus? Immerhin habe ich noch keine Falten, oder?"

„Nur ein paar Lachfalten um die Augen", erklärt Papa. „Im Übrigen würde dich jeder für Sabines große Schwester halten."

„Du übertreibst, Ulf!" Mama muss lachen. Der Bann ist gebrochen.

Papa blickt auf seine Armbanduhr.

„In spätestens zehn Minuten muss ich los. Wir verstärken unsere Kontrollen auf der Unterelbe, seitdem gestern auf einem Schiff im Hamburger Hafen zwei Tonnen Haschisch entdeckt worden sind."

„Haschisch?", erkundigt sich Su. „Was ist denn das? Das hört sich so lustig an."

„Ist aber gar nicht lustig!" Papa ist plötzlich ernst geworden.

„Haschisch ist Rauschgift. Wenn man davon etwas isst oder raucht, hat man anschließend wunderbare Träume. Und da man sich immer wieder nach diesen angenehmen Träumen sehnt, nimmt man immer öfter Rauschgift, bis man plötzlich süchtig geworden ist. Es kann aber auch sein, dass man das Rauschgift nicht verträgt. Dann geht es einem furchtbar schlecht und man bekommt schreckliche

Angst und Horrorvorstellungen!“

„Das ist wie beim alten Kuddel“, erkläre ich Su, „nur dass der nicht Haschisch raucht, sondern Schnaps trinkt. Und das kann er auch nicht lassen.“

„Vergleichen kann man das in etwa schon“, stimmt Papa zu. „Rauschgift ist jedoch gefährlicher als Alkohol. Zu der schlimmsten Sorte gehört Heroin. Schon eine einzige Spritze kann ausreichen, um einen Menschen süchtig zu machen. Wenn man es über einen längeren Zeitraum nimmt, verfällt man körperlich und seelisch. Eine Überdosis kann zum Tode führen.“

„Das ist ja schrecklich“, sage ich entsetzt.

„Deshalb ist es verboten, Rauschgift in unser Land zu bringen.“

„Aber wie erhalten die Leute es dann?“

„Manchmal wird es mit einem Flugzeug eingeschmuggelt oder eben mit Schiffen.“

„Und du musst die Rauschgiftschmuggler fangen, Papa?“, schnauft Su und macht so große Kulleraugen wie ihre Puppe Gerapita.

„Ja, Su. Ich freue mich riesig, wenn uns das gelingt, denn die Rauschgifthändler interessieren sich nur für das Geld der Süchtigen. Weil sie Gesundheit und Leben der jungen Menschen zerstören, werden diese gewissenlosen Leute auch noch zu Millionären.“

„Wird zur Zeit viel geschmuggelt?“, erkundige ich mich ungeduldig.

„Erst vor einigen Tagen haben Spaziergänger an der Elbe, gar nicht weit von Diekhusen entfernt, kleine Plastiktüten mit weißem, mehligem Inhalt gefunden. Es war reines Heroin.“

Mama schüttelt sich angewidert.

„Da läuft es mir kalt den Rücken hinunter“, sagt

sie. „Habt ihr inzwischen etwas herausgefunden, Ulf?“,

„Nein. Wir nehmen an, dass die heiße Ware von einem Frachter aus an kleine Boote weitergegeben wird. Vielleicht haben wir vor einigen Tagen mit unserem Zollkreuzer von der Küstenwache gerade an so einem Frachter angelegt, um ihn zu kontrollieren. Jemand von der Besatzung hat wahrscheinlich Angst bekommen, dass wir den Stoff finden könnten und ihn deshalb einfach über Bord gekippt, weil das Abnahmeboot noch nicht da war. Irgendwann sind die Tüten dann am Ufer angetrieben.“

Su hat mit geöffnetem Mund zugehört.

„Du, Sabine“, drängt sie ungestüm, „die Holzaugen wollen Schmuggler fangen. Wir können Papa doch auch die Arbeit abnehmen. Mal sehen, wer zuerst Schmuggler erwischt, die Holzaugen oder die Neunaugen!“

„Lasst die Finger von Schmugglern!“, warnt Papa. „So gefährliche Sachen sind nichts für kleine Mädchen. Spielt lieber mit euren Puppen.“

„Na gut“, lenkt Su rasch ein, „wir fangen keine Schmuggler. Hilfst du uns stattdessen, in einer der Weiden am Fluss einen Ausguck zu bauen, Papa?“,

„Einen Ausguck?“, staunt Papa. „Darüber müssen wir morgen weiterreden. Ich muss jetzt los. Gute Nacht, ihr Lieben.“

Er springt auf, zieht seine Jacke über das Uniformhemd, gibt Mama einen Kuss auf ihre erste Falte, wie er lachend sagt, und schlägt die Tür hinter sich zu.

„Euer Vater benimmt sich manchmal wie ein kleiner Junge“, sagt Mama halb verärgert und halb belustigt.

Als Papa mit dem Wagen von unserer Auffahrt in die Straße einbiegt, um nach Glückstadt zu fahren, wo der Zollkreuzer im Hafen auf ihn wartet, winken Su und ich ihm vom Küchenfenster aus zu. Er winkt gutgelaunt zurück. Plötzlich lasse ich die Hand sinken. Ich habe wieder einen genialen Einfall.

Hat Papa nicht etwas von Plastiktüten mit weißem, mehligem Inhalt erwähnt, die am Elbufer angeschwemmt worden sind? Statt Heroin könnte man ja auch Mehl verwenden und den Holzaugen einen tollen Streich spielen, sodass ihnen die Augen übergehen! Verdient haben sie es für ihren Verrat an uns Mädchen. Ich freue mich schon jetzt auf ihre dummen Gesichter und werde vor Ungeduld ganz kribbelig.

Ich kann es kaum abwarten, meinen Plan in die Tat umzusetzen, und biete mich zur Verwunderung meiner Mutter freiwillig an, den Tisch abzuräumen, damit Su und Mama schneller aus der Küche verschwinden. In Windeseile bin ich fertig und halte Ausschau, ob die Luft für mein Vorhaben rein ist.

Su sitzt im Garten auf der Schaukel und wiegt ihre Babypuppe Gerapita im Arm. Mama scheucht gerade Bandit aus dem Liegestuhl. Ärgerlich macht er sich auf die Suche nach einem neuen, weichen Schlafplätzchen und findet es auf dem Sessel im Wohnzimmer. Er hat Glück. Mama bemerkt ihn nicht. Sie eilt in ihr kleines Büro, und als ich einen vorsichtigen Blick hineinwerfe, sehe ich sie an ihrem Computer sitzen und auf den Bildschirm starren. Mama erledigt für einige kleinere Firmen die Buchhaltung. Das gefällt ihr gut, weil sie zu Hause arbeiten kann und nicht an feste Bürozeiten gebunden ist.

Rasch schleiche ich wieder in die Küche. Im Hängeschrank verwahrt Mama ein Folienschweißgerät. Damit schweißt sie mit Obst, Fleisch oder Gemüse gefüllte Plastiktüten zu, bevor sie die Beutel in die Kühltruhe packt.

Ich fülle kleine Plastiktütchen mit Mehl und schweiße sie luftdicht und auch wasserdicht zusammen, wie ich hoffe. Zehn solcher Tüten stelle ich her. Dann höre ich vorsichtshalber auf, weil sich kaum noch Mehl in der Dose befindet.

Ohne dass Mama oder Su etwas merken, verstecke ich die Tüten im Geheimfach meines Schreibtisches. Hier sind sie bis morgen sicher aufgehoben. Das Geheimfach ist eigentlich nur eine verschließbare Schublade. Ich schließe ab und hänge mir den Schlüssel wie eine Kette um den Hals. Vorsichtshalber werde ich ihn nachts unter mein Kopfkissen legen, denn Su bringt es fertig und schnüffelt an der Schublade herum; besonders abgeschlossene Schubladen und Schränke ziehen sie magnetisch an.

Schade, dass Heike nicht hier ist. Nun muss ich mich bis morgen gedulden, um ihr meinen genialen Plan mitteilen zu können. Telefonieren ist zu riskant. Su würde bestimmt ihre Lauscher auf Empfang stellen, damit ihr nur ja keine Neuigkeit entgeht.

Ich blicke aus dem Fenster. Ob Bastian inzwischen wieder als Wachposten auf den Ausguck zurückgekehrt ist? Ich fiebere förmlich dem nächsten Tag entgegen und grinse schadenfroh, als ich mir vorstelle, dass die Holzaugen völlig ahnungslos sind.

Auf dem Bananensand rührt sich nichts. Heike sitzt wohl mit ihren Eltern und Heiko am Abendbrottisch. Der helle Sandstreifen vor der Insel ist fast ganz überspült. Die Flut rauscht heran. Die Boote im kleinen Hafen zerren kräftiger an ihren Tauen. Die Masten schwanken wie kahle Bäume im Sturm hin und her.

Ein Frachtmotorschiff zieht in Strommitte gemächlich elbabwärts. Erst als ich nur noch sein breites Heck sehe, dringt das Geräusch der Dieselmotoren an meine Ohren. Die Wellen, die von den Schiffsschrauben aufgewirbelt worden sind, rollen ans Ufer. Weißer Schaum, der wie Seifenblasen zerplatzt, läuft über den Strand.

Wo das Schiff wohl hinfahren mag? Ich versuche, im Vortopp die Flagge des Bestimmungslandes zu erkennen. Aber es wird bereits dunkel, und das Schiff ist schon zu weit entfernt.

Weit draußen in der Elbmündung kreuzt jetzt auch Papa mit seinem schnittigen Boot auf der Suche nach Rauschgiftschmugglern. Ich bekomme eine Gänsehaut, als ich daran denke und bin froh, dass wir den Rauschgiftschmuggel nur spielen wollen und in Wirklichkeit nichts damit zu tun haben.

Ein Hamster in der Klasse

Um vor Su an der Bushaltestelle zu sein, schlinge ich hastig mein Frühstück hinunter, schnappe mein Pausenbrot, werfe es in den Rucksack und stürze aus der Küche. An der Tür remple ich Papa an, der gerade vom Nachtdienst nach Hause kommt.

„Hoppla, Sabine, so in Eile?"

„Hallo, Papa! Du hast es gut. Du kannst jetzt schlafen, während wir zur Schule müssen."

„Dafür haben wir auch die ganze Nacht mit dem Zollschiff auf der Lauer gelegen."

„Habt ihr Schmuggler erwischt?"

„Leider nicht."

„Schade. Ich muss zur Bushaltestelle! Tschüs!"

„Sabine, warte auf mich!", verfolgt mich Sus durchdringende Stimme.

Ich stelle mich taub und laufe schneller.

Vor Haus Nr. 5 befindet sich die Bushaltestelle. Heike wartet bereits an der linken Ecke des Schutzhäuschens, während sich Heiko und Flo in der rechten Ecke herumdrücken. Ohne die Jungen eines Blickes zu würdigen, geselle ich mich zu Heike und tuschle aufgeregt hinter vorgehaltener Hand mit ihr. Heike hört interessiert zu und ist über meinen tollen Einfall von gestern Abend ebenfalls begeistert.

„Einen Denkzettel haben die Holzaugen verdient", stimmt sie zu. „Superplan, Sabine!"

Ich lege rasch den Finger auf den Mund, denn Su hechelt heran.

„Verrate Su nichts", warne ich eindringlich. „Womöglich verplappert sie sich sonst bei den Jungen." Betont gleichgültig krame ich unser Bandenabzeichen aus meiner Jackentasche. Nachdem Heike es gebührend bewundert hat, befestigt sie es stolz an ihrem Kapuzen-Sweatshirt.

Su keucht außer Atem heran. Ihre Zöpfe flattern ihr wie Bänder um die Ohren, und die Schultasche wippt auf ihrem Rücken lustig auf und ab. An ihrer Windjacke prangt ebenfalls ein Dreieck mit neun Augen. Ich habe es noch spätabends für sie gebastelt, und seitdem ist Su wieder mit mir versöhnt.

Heiko und Flo schielen mit langen Hälsen nach unseren Abzeichen und flüstern miteinander. Bestimmt ärgern sie sich, dass sie nicht selbst auf die Idee gekommen sind, ein Bandenkennzeichen zu basteln.

Su hält das unheilvolle Schweigen zwischen den Jungen und uns schließlich nicht mehr aus.

„Wir haben auch einen Geheimbund gegründet!“, prahlt sie und tippt wichtigtuerisch auf ihr Abzeichen. „Schaut her, das ist unser Kennzeichen!“

„Was bedeutet es?“, erkundigt sich Flo neugierig.

„Neunaugen. Wir nennen uns die Neunaugen.“

„Na, ihr Neunmalklugen“, feixt Heiko, „einen blöderen Namen konntet ihr wohl nicht finden!“

„Immer noch besser als Holzköpfe“, gibt Heike ihrem Bruder frech zurück.

Heiko ballt die Fäuste und nähert sich drohend.

Zum Glück rattert der alte Schulbus heran, sonst hätten Heike und Heiko bestimmt noch eine Rauferei angefangen.

Wir steigen ein, was heute zum ersten Mal nicht ohne Knüffe und Geschubse abgeht.

Wie immer rollt Bastian im letzten Moment auf seinem Scooter herbei. Mit der rechten Hand lenkt er und in der linken hält er ein angebissenes Frühstücksbrot.

„Ich werde wohl nie erleben, dass du einmal pünktlich bist“, knurrt der Busfahrer unfreundlich.

„Na und?“, gibt Bastian frech zurück und wirft seinen Roller gegen die Wand des Schutzhäuschens. „Ich bin doch immer noch mitgekommen.“

Zum Ärger seiner Mutter aalt sich Bastian immer bis zur allerletzten Sekunde im Bett. Waschen, anziehen und frühstücken – das muss dann ganz schnell gehen. Tante Almut hat einmal meiner Mutter erzählt, dass sie völlig geschafft sei, bis Bastian endlich die Haustür hinter sich zuschlägt.

Der Busfahrer drückt auf einen Knopf, und die Tür schließt sich automatisch. Er gibt Gas. Wir zuckeln am Deich entlang. Auf den endlosen Wiesen zur rechten Seite grasen Pferde und Kühe.

Mit voller Lautstärke, damit die Jungen, die sich auf der letzten Bank drängen, auch alles verstehen, beginne ich meinen Superplan von gestern Abend in die Tat umzusetzen.

„Stell dir vor, Heike, vor einigen Tagen haben Spaziergänger am Flussufer Rauschgift gefunden. Papa sagt, dass es wahrscheinlich von einem Schiff aus in die Elbe geworfen wurde."

„Davon habe ich in der Zeitung gelesen", mischt sich zu meinem Entzücken der Busfahrer ein, während er den Bus durch Landschaft kutschiert. „Es wird immer schlimmer mit der Rauschgiftschmuggelei. Die Polizei sollte die Verbrecher endlich hinter Schloss und Riegel bringen.“ – „Erst müssen die Schmuggler mal gefangen werden“, lärmt Heiko unüberhörbar.

„Anscheinend schlafen gewisse Leute vom Wasserzoll auf ihren Booten“, bemerkt Bastian anzüglich und verschränkt die Arme vor der Brust.

Ich drehe mich wütend auf meinem Sitz um und bemühe mich, meiner Stimme einen ruhigen Klang zu geben.

„Meinst du mit deiner Anspielung auf die Leute vom Wasserzoll etwa meinen Vater, Bastian?“

„Wieso? Habe ich einen Namen genannt? Habe ich gesagt, dass Sabines Vater schläft, Heiko?“, tut er unschuldig erstaunt.

„Nein, einen Namen hast du nicht genannt“, beteuert Heiko und fabriziert gleichzeitig eine luftballongroße Kaugummiblase, hinter der sein rundes Gesicht fast vollständig verschwindet.

Zufällig blickt der Fahrer in diesem Moment in den Rückspiegel. Beim Anblick der Kaugummiblase schimpft er: „Wehe, wenn das Zeug nachher an der Rückenlehne des Sitzes klebt!“

Heiko kann nicht antworten, weil er damit beschäftigt ist, die Kaugummifäden durch die Zahnlücke in den Mund zurückzuziehen. Stattdessen macht er dem Fahrer eine lange Nase, aber wohlweislich erst, als dieser wegguckt.

Ich schaue aus dem Fenster und halte meinen Mund. Bitte, wenn mein Vetter Bastian es darauf anlegt, mich zu ärgern, ich werde ihm keine weitere Gelegenheit dazu geben. Jedenfalls habe ich erreicht, dass sich die Jungen eifrig über den Rauschgiftfund unterhalten – und mehr wollte ich nicht bezwecken!

Unterwegs steigen noch einige Kinder von abgelegenen Bauernhöfen zu, und fast alle wissen über den Rauschgiftfund zu berichten. Endlich biegt der Bus von der Deichstraße ab. In der Ferne tauchen die Dächer vieler Häuser auf; auf einem gelben Ortsschild steht der Name Glückstadt.

Wie wir vor kurzem in der Geschichtsstunde gelernt haben, hat der dänische König Christian IV. im Jahre 1616 die Stadt gegründet. Er gab ihr den hübschen Namen, weil sie ihm Glück bringen und Hamburg als Hafenstadt Konkurrenz machen sollte. Aber sein Plan ist nicht ganz aufgegangen.

Der Bus rattert am Hafenbecken entlang, in dem einige alte Schuten still vor sich hin rosten. Draußen vor der Schleuse befindet sich der Liegeplatz des grünen Zollkreuzers. Wir fahren am Marktplatz vorbei, von dem alle Straßen sternförmig abzweigen und auf dem dienstags und freitags die Bauern aus der Umgebung ihre Waren anbieten

Su und Flo werden mit einigen anderen Kleinen an der Grundschule ausgeladen. Wir Älteren fahren weiter zur Realschule.

Bastian, Heike und ich gehen in die sechste Klasse, während Heiko erst in die fünfte geht. Wenn er sich nicht auf den Hosenboden setzt und büffelt, wird er wohl das Schuljahr wiederholen müssen.

„Das ist mir doch egal“, meint er dazu geringschätzig, „Hauptsache, ich brauche nicht mehr so viel in die Bücher zu gucken.“

„Du hast wohl gar nicht daran gedacht, dass du noch ein Jahr länger in die Bücher gucken musst, wenn du sitzen bleibst“, klärt Heike ihn über die möglichen Folgen auf. „Hm“, brummt Heiko und hüllt sich in Schweigen, um über diese komplizierte Sache nachzudenken.

Heike kann heute überhaupt nicht aufpassen. Da sie bei uns zu Mittag essen darf, hat sie Husch in ihrem Rucksack mitgebracht. Nun hat sie genug zu tun, ihn mit Weizenkörnern bei Laune zu halten.

In der Englischstunde gelingt es Husch trotzdem, unbemerkt aus dem dunklen Rucksack zu entwischen. Kurze Zeit später sehen wir den Hamster zu Heikes Entsetzen und zur Belustigung der anderen Kinder auf dem Tisch der Lehrerin umherhuschen, wo er sich gierig über eine Tüte Erdnusskerne hermacht, die Frau Maak leidenschaftlich gern knabbert und immer griffbereit auf dem Tisch liegen hat.

Der Inhalt der Tüte schrumpft in Windeseile, während die Backentaschen des Hamsters immer dicker anschwellen.

„Gleich platzt er!“ ruft ein Mädchen aufgeregt.

Nun können sich die Kinder nicht mehr halten. Sie prusten laut los.

Frau Maak, die gerade nichtsahnend englische Vokabeln an die Tafel schreibt, dreht sich ärgerlich um.

„Shut your mouth, please. “

In diesem Augenblick richtet sich Husch auf den Hinterbeinen auf und macht Männchen. Frau Maak erschrickt sich, sodass sie ihr Englisch vergisst und unwillkürlich ihre Muttersprache gebraucht.

„Wie kommt die Maus hierher?“, jappst sie.

„Das ist keine Maus, sondern ein Goldhamster“, stellt Heike beleidigt richtig.

Da kann man sehen, dass Frau Maak zwar perfekt Englisch und Französisch spricht, aber von Biologie, Heikes Lieblingsfach, keinen blassen Schimmer hat. Sonst müsste sie doch zumindest eine Maus von einem Goldhamster unterscheiden können.

„Heike Hansen", erwidert Frau Maak spitz, „ob Maus oder Goldhamster ist mir egal, jedenfalls gehört keins von beiden in die Englischstunde."

Heike erhebt sich rasch und nimmt ihren Liebling zärtlich an sich.

„Die restlichen Erdnusskerne kannst du auch gleich mitnehmen", sagt Frau Maak. „Mir ist der Appetit vergangen."

Wir sehen traurig zu, wie der Hamster wieder in seinem dunklen Gefängnis verschwindet. Schade, die Abwechslung ist so richtig nach unserem Geschmack gewesen.

Bandit tut, was er will

Pünktlich um 12.30 Uhr steht der Bus wieder vor der Schule und bringt uns nach Diekhusen zurück.

Mama hat, wie könnte es anders sein, wenn Heike bei uns zu Mittag isst, Kartoffelbrei gekocht. Dazu gibt es Hähnchenkeulen und frischen Blattsalat. Heike füllt sich ihren Teller so voll, dass sie später den Reißverschluss ihrer Jeans öffnen muss, um einigermaßen Luft zu bekommen. Zum Platzen voll keucht sie hinter mir die Treppe zu meinem Zimmer hinauf.

„Ich habe keine Lust, Schularbeiten zu machen!",

stöhnt sie, wirft sich auf mein Bett und reibt ihren Magen.

„Kein Wunder, wenn du dich so vollstopfst."

Zum Glück haben wir für Mathematik nur zwei Textaufgaben auf. Ich löse die eine Aufgabe, und Heike rafft sich schließlich auf und nimmt die andere in Angriff. Zugleich mit ihren Heften befördert sie eine Menge Erdnusskerne ans Tageslicht, die Husch dort als Vorrat versteckt hat.

Der Hamster flitzt aufgeregt umher und sammelt die Körner wieder in seine Backentaschen, während wir uns seufzend mit den Mathematikaufgaben auseinandersetzen.

„That's teamwork", ahme ich Frau Maak nach, als ich fertig bin und erleichtert mein Heft zuklappe.

Heikes Lebensgeister erwachen wieder.

„Wo hast du die Tüten mit dem Mehl versteckt?", fragt sie erwartungsvoll.

„In meinem Geheimfach."

Ich nehme das Band, an dem der Schlüssel hängt, von meinem Hals, schließe die Schreibtischschublade auf und hole die zehn kleinen, mit Mehl gefüllten Plastiktüten heraus. Heike nimmt eine davon gespannt in die Hand.

„So sehen die also aus", sagt sie beeindruckt.

Der Goldhamster klettert auf eine der Tüten und schnuppert aufgeregt. Aber die Tüte ist geruchlos. Sie interessiert ihn nicht weiter. Er wendet sich ab und wühlt in meiner Federtasche nach etwas Essbarem. Als er auch dort nichts findet, setzt er sich hin, leckt über seine Pfötchen und putzt sich damit das Gesicht.

„Wo hat er nur die Erdnusskerne gelassen?"

Ich schaue mich suchend im Zimmer um.

„Vielleicht im Papierkorb“, grinst Heike. „Irgendein Versteck findet er immer.“

Sie schiebt Husch behutsam in die Brusttasche ihres Kapuzen-Sweatshirts, während ich die Tüten in meinen Hosentaschen und unter dem T-Shirt verstaue.

„Ich bin gespannt wie ein Flitzbogen, ob die Holzaugen auf unseren Trick hereinfallen! Sei leise, Heike, damit Su nicht hört, wenn wir fortgehen, sonst will sie wieder mit.“

„Lass sie doch. Ich finde, sie ist ganz nett.“

Ich glaube, da kennt Heike meine kleine, nette Schwester nicht richtig!

„Was hast du nur immer gegen Su?“, fährt Heike verständnislos fort. „Ich wäre froh, wenn ich so eine kleine Schwester hätte.“

„Echt?“ Ungläubig blicke ich sie an. Es ist mir unbegreiflich, dass sich jemand eine Schwester wie Su wünscht.

„Su kann ganz schön nerven“, verteidige ich mich. „Andauernd schleicht sie hinter mir her und schnüffelt in meinen Sachen herum.“

„Trotzdem stelle ich mir das schön vor“, schwärmt Heike. „Ich würde ihr Geschichten vorlesen und sie bei Gewitter trösten, damit sie keine Angst hat.“

„Su kann selbst lesen, und Angst vor Gewitter hat sie auch nicht“, zerstöre ich Heikes Illusionen. „Su findet Blitze geradezu cool, und je lauter der Donner kracht, umso mehr freut sie sich. Ich bin es, die du trösten musst, weil ich bei Gewitter immer Todesangst ausstehe, dass ein Blitz in unser Reetdach einschlagen könnte.“

„Bei euch beiden ist wohl alles verdreht“, brummt Heike ernüchtert.

Vorsichtig öffne ich die Tür einen Spaltbreit. Am gegenüberliegenden Ende des schmalen Flurs steht Sus Zimmertür weit offen. Su fürchtet wohl, dass sie etwas verpasst, wenn sie die Tür schließt. Sie sitzt an ihrem Schreibtisch und nagt lustlos am Füller.

Auf Zehenspitzen schleiche ich zur Treppe. Unter Heikes Füßen knarrt leider eine Diele. Su blickt auf, wirft den Füller hin und schreit: „Wo wollt ihr hin?“

„Geht dich nichts an!“ rufe ich.

„Zum Fluss“, antwortet Heike freundlich. „Wir wollen den Holzaugen einen Streich spielen.“

Ich trete Heike auf den Fuß, und sie schweigt erschrocken.

„Ich komme mit! Ihr könnt doch nicht ohne mich gehen!“, trompetet Su selbstbewusst.

„Hast du denn schon deine Schularbeiten gemacht, mein liebes Kind?“, schlage ich Mamas Tonart an.

„Schon lange!“ sagt Su eine Idee zu schnell und streckt mir die Zunge heraus.

Sie hat bestimmt geflunkert. Aber was soll ich machen? Wenn ich gerecht sein will, muss ich zugeben, dass es Su war, die unseren Geheimbund ins Leben gerufen hat, und so hat sie auch das Recht dabei zu sein.

„Okay“, seufze ich ergeben, „du kannst mitkommen.“

„Wäre ich auch ohne deine Einwilligung“, raunzt meine süße, kleine Schwester.

„Was habt ihr vor?“, will Mama wissen, als wir an ihrem Büro vorbeigehen.

„Wir wollen zum Fluss.“

„Habt ihr eure Schularbeiten fertig?“

„Na klar!“, rufe ich stellvertretend für uns alle.

Bevor meine Mutter noch weitere unangenehme Fragen stellen kann, klingelt zum Glück das Telefon. Wir nutzen die Gelegenheit und huschen zur Terrassentür hinaus.

„Passt auf, dass ihr nicht ins Wasser fallt!“, ruft Mama uns mit dem Telefonhörer am Ohr durch das offenstehende Fenster nach.

Ich ziehe zischend die Luft durch die Zähne. Die letzte Mahnung hätte sich Mama wirklich sparen können. Ich finde, wir sind alt genug, um auf uns selbst aufzupassen, und außerdem können wir alle schwimmen. Aber der breite Fluss erscheint Mama unberechenbar und unheimlich, er flößt ihr Angst ein. Irgendwie beruhigt es sie, wenn sie uns eine Warnung mit auf den Weg gibt.

Als Bandit den Goldhamster aus Heikes Brusttasche spähen sieht, springt er behände vom Liegestuhl, auf dem er es sich eben gemütlich gemacht hat, und trottet hartnäckig hinter uns her.

„Du bekommst Husch doch nicht zu fressen, also bleib zu Hause!“, rufe ich dem Kater zu.

Doch ein Kater lässt sich nichts befehlen, Bandit schon gar nicht. Der hat, genau wie Su, seinen eigenen Kopf. Zunächst setzt er sich folgsam ins Gras und leckt sich gelangweilt den Schwanz. Kaum drehen wir ihm den Rücken zu, folgt er uns unbeirrt.

„Bandit ist ja auch ein Neunauge!“, lacht Heike. „Husch ist in meinem Sweatshirt sicher aufgehoben.“

Als hätte Bandit alles genau verstanden, miaut er freudig und schnurrt mit erhobenem Schwanz um Heikes Beine. Ich traue Bandit nicht. Er stellt sich nur so gut mit Heike, weil er hofft, dadurch leichter eine Möglichkeit zu finden, sich Husch zu schnappen. Ich kenne meinen Kater.

Wir klettern den Deich hinauf und wandern im Gänsemarsch auf der Deichkrone entlang. Su kann es nicht lassen, einen kurzen Abstecher über den Holzsteg zum Café zu machen und neugierig durch die Fenster zu spähen.

„Im Café ist niemand", verkündet sie.

Kein Wunder! Das Wochenende hat noch nicht angefangen. Die ersten Touristen werden erst am Freitag eintreffen.

Etwa zehn Meter können wir noch auf der Deichkrone weitergehen, dann klafft plötzlich vor uns im Deich eine breite Lücke. Der Deich ist hier wie ein Stück Torte auseinandergeschnitten. Durch die Lücke führt ein schmaler geteerter Weg zum Hafen. Bei schweren Sturmfluten wird das Loch im Deich mit immer bereitliegenden Brettern verbarrikadiert. Zwischen die doppelte Barriere werden Sandsäcke geworfen. Bauer Hansen dagegen schwört auf Kuhmist. „Der hält absolut dicht", beteuert er immer wieder.

Wir laufen den Deich hinab, überqueren den Weg und klettern an der gegenüberliegenden Seite wieder hinauf. Heike wirft gewohnheitsmäßig einen Blick zum Hafen. Die kleine weiße Jolle mit dem blauen Dollbord wiegt sich sacht an der Mole.

„Heiko ist an Land", stellt Heike daraufhin folgerichtig fest.

„Dann müssen wir vorsichtig sein. Sicher sitzen die drei Holzaugen bereits in ihrem Ausguck."

„Wir können noch ein Stück auf dem Deich entlang wandern und uns dann von Norden aus anschleichen", schlägt Heike vor.

Bandit bleibt immer weiter zurück. Er ist kein

ausdauernder Läufer. Schließlich verlieren wir ihn ganz aus den Augen.

Als wir weit genug vom Ausguck der Jungen entfernt sind, lassen wir uns den Deich hinabkullern. Man muss höllisch aufpassen, dass man nicht in Schafsmist hineinrollt. Die Bauern treiben nämlich ihre Schafe auf den Deich, damit die das Gras kurz halten und somit das Mähen gespart wird. Onkel Henning, Bastians Vater, ist Deichgraf von Diekhusen. Er muss darauf achten, dass das Gras immer kurz bleibt, weil sonst bei einer Sturmflut die Wellen eine größere Angriffsfläche zur Verfügung hätten und somit leichter große Erdbrocken herausreißen könnten, wodurch der Deich rasch zerstört werden könnte.

Glücklicherweise ist jetzt kein Sturm. Die Wellen der Elbe rollen träge in ihrem breiten Bett und denken gar nicht daran, über die Ufer zu treten.

Wir klettern über den Zaun, der die Schafe daran hindert, das Deichvorland zu verlassen, und pirschen vorsichtig zwischen den Erlen und Weiden zum Ufer.

„Die Flut läuft langsam auf“, flüstere ich unnötigerweise, da die Jungen viel zu weit entfernt sind, um uns hören oder sehen zu können. „Lasst uns die Tüten mit dem Mehl an das dritte Stack legen, dann sieht es so aus, als ob sie dort angespült worden sind!“

„Was für Tüten?“ Su hopst neugierig näher.

„Ach, da ist nur Mehl drin“, sage ich beiläufig, „damit wollen wir die Holzaugen anschmieren. Sie sollen denken, dass das Mehl echtes Rauschgift ist, das hier angetrieben wurde. Aber verrate nichts!“

„Ich kann schweigen wie ein Grab“, versichert Su

ernsthaft. „Bist du auf diese tolle Idee gekommen, Heike?“

„Nein, ich!“ sage ich nicht ohne Stolz.

„Du, Sabine?“, macht Su ungläubig: „Ein blindes Huhn findet manchmal auch ein Korn“, fügt sie altklug hinzu.

Bevor wir uns in die Haare geraten können, ruft Heike: „Seht mal, dort draußen kreuzt eine Jacht!“ Sie beschattet die Augen mit der Hand. „Das Boot kenne ich. Es gehört zwei Männern aus Hamburg. Die haben schon seit einiger Zeit ihren Wohnwagen auf dem Campingplatz von Flos Vater abgestellt!“

„Vielleicht haben sie Urlaub“, meine ich, „weil sie mitten in der Woche Zeit zum Segeln haben.“

„Nein“, berichtigt Heike, „die sehe ich öfter wochentags am Bananensand vorbeisegeln. Vielleicht sind sie so reich, dass sie gar nicht arbeiten müssen. Schließlich kann sich nicht jeder so ein schnittiges Kajütboot leisten.“

„Was geht uns die Jacht mit den zwei Männern an?“, sage ich ungeduldig. „Wir haben wichtigere Dinge vor!“

Ich kann ja nicht ahnen, wie sehr uns diese Männer noch angehen würden.

Ein seltsamer Frachter

Nachdem wir die Tüten mit Mehl an das Stack gelegt haben, schlendern wir, uns laut unterhaltend, zwischen den Weiden am Ufer entlang. Es soll ganz harmlos wirken, als würden wir zufällig hier umherwandern.

Genau unter der Weide, auf der die Holzaugen ihren Ausguck gebaut haben, bleiben wir stehen. Die Jungen verhalten sich mucksmäuschenstill. Vorsichtig riskiere ich einen Blick in die Höhe. Ich fürchte schon, dass sie gar nicht in ihrem Versteck sind. Doch da blitzt etwas Rotes durch die Blätter. Das muss Flos T-Shirt sein!

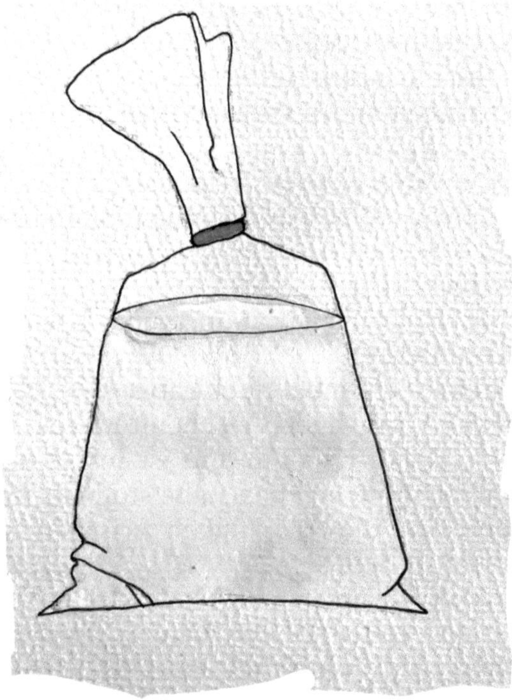

„Achtung, los!“, gebe ich flüsternd das Kommando. „Habt ihr die Plastiktüten gesehen?“, fragt Heike getreu meiner Anweisung laut und deutlich, damit die Lauscher über uns auch alles verstehen können. „Welche?“

„Na, die Plastiktüten, die am dritten Stack angeschwemmt sind. Eigentlich hätten wir sie mal aufmachen können."

„Da war doch nur so'n weißes Zeug drin", sage ich meiner Rolle getreu. „Das war bestimmt Abfall, den Matrosen über Bord geworfen haben und der am Stack angespült worden ist."

„Genau", kichert Heike und bemüht sich verzweifelt, ein ernstes Gesicht zu machen. „Rauschgift wird es wohl nicht sein."

„Dann lasst uns zum Hafen gehen", schlage ich vor.

Langsam schlendern wir zum Pfad hinüber, der im Schilf verschwindet. Kaum schlagen die Schilfhalme über unseren Köpfen zusammen, sodass die Jungen uns nicht mehr sehen können, bleiben wir stehen und kriechen vorsichtig auf allen vieren ein Stück zurück.

„Ob die Holzaugen darauf reingefallen sind?", fragt Su aufgeregt.

Ich komme nicht mehr zum Antworten. Die Strickleiter fliegt herab. Zuerst erscheint Bastian. Ihm folgen rasch Heiko und Flo. Flo ist in solcher Hast, dass er über seine eigenen Füße stolpert. Im Handumdrehen sind die drei Jungen zwischen den Weiden verschwunden.

„Die wären wir erst einmal los!" stelle ich befriedigt fest und reibe mir die Hände. „Eine günstige Gelegenheit, ihren Ausguck unter die Lupe zu nehmen."

„Und wenn sie zurückkommen, während wir oben sind?" Heike zögert.

„Ach was, die sind jetzt mit Rauschgiftsuche beschäftigt. Ich lache mich krank, wenn sie das Zeug zur Polizei bringen und die dann feststellt, dass es nur gewöhnliches Mehl ist."

„Dann möchte ich nicht in der Haut der Holzaugen stecken", grinst Heike schadenfroh. „Die Polizisten glauben bestimmt, dass die Jungen sie veräppeln wollen und werden ganz schön wütend sein. Nur schade, dass ich Heikos dummes Gesicht dann nicht sehen kann!"

„Rache ist süß", trällert Su übermütig, „nur Bonbons sind süßer!"

„Psst, nicht so laut!", warne ich. „Su, du kannst dich da vorn hinter einer der Weiden verstecken und laut pfeifen, wenn die Holzaugen zurückkommen. Dann sind Heike und ich gewarnt. Wir sehen uns inzwischen den Ausguck an."

„Falls sie überhaupt zurückkommen und nicht sofort zur Polizei rennen", überlegt Heike. Wir klettern beide die Strickleiter hoch und betreten erwartungsvoll die luftige Plattform.

Einen schönen Ausguck haben die Jungen gebaut, das muss ihnen der Neid lassen. Wir sind tatsächlich auf Papas Hilfe angewiesen, wenn wir einen besseren zustande bringen wollen.

Von einem Ast zum anderen haben die Jungen stabile Bretter nebeneinander genagelt, sodass eine kleine Plattform entstanden ist. Als Sitzbank dient ein schmaleres Brett, welches etwas höher an dicken Zweigen befestigt ist. Sogar ein Regal gibt es. Auf dem liegen Heikos Fernglas, ein Hammer, jede Menge Nägel, ein Knäuel Bindfaden, Bastians Klapptaschenmesser, ein Notizblock mit Kugelschreiber in einem leeren Gurkenglas, eine Tüte Kaugummi und einige Flaschen Limo.

„Diese Angeber!", pustet Heike geringschätzig, als sie die Flaschen sieht. „Nirgends ist eine Flasche

Rum zu sehen. Die Holzaugen haben gestern also Limo getrunken und nur so getan, als ob es Rum wäre!"

Als Heike das Wort Limo erwähnt, merke ich auf einmal, wie mir die Zunge am Gaumen klebt.

„Wollen wir eine Limo trinken?"

„Spinnst du, Sabine? Dann merken die Holzaugen doch sofort, dass jemand hier war."

„Seid ihr noch da oben?", tönt eine helle Stimme zu uns herauf.

Ich schiebe die Zweige auseinander und stecke meinen Kopf durch die so entstandene Lücke. Unter mir steht Su.

„Du sollst doch aufpassen, ob die Holzaugen zurückkommen und nicht einfach deinen Posten verlassen!“, schimpfe ich.

„Allein hinter einem Baum zu stehen ist mir zu langweilig“, knurrt Su.

„Ich denke, du willst ein Neunauge sein. Dann musst du auch bereit sein, eine Aufgabe zu übernehmen!“

„Immer suchst du dir das Beste aus, Sabine!“ Murrend zieht Su wieder ab.

Heike hat ihre Ellenbogen auf das Regal gestützt und beobachtet durch das Fernglas den Fluss.

„Die Jacht mit den zwei Männern segelt jetzt an der Südspitze unserer Insel entlang“, berichtet sie. „Mit bloßem Auge kann man sie kaum noch erkennen.“ Sie schwenkt das Fernglas in nördliche Richtung. „Sieh mal, Sabine!“ ruft sie plötzlich. „Ist das dort draußen nicht das Zollboot deines Vaters?“

„Lass mal sehen!“

Immerhin ist die Elbe bei Diekhusen mehr als vier Kilometer breit. Da benötigt man schon ein Fernglas, um Einzelheiten zu erkennen. Neugierig geworden, nehme ich Heike das Glas aus der Hand und blicke hindurch.

Ein großes Frachtmotorschiff fährt langsam elbaufwärts. Gerade noch sehe ich den grünen Zollkreuzer auf dessen Steuerbordseite verschwinden. Ich warte eine Weile, aber er kommt nicht wieder zum Vorschein.

Mein Interesse erlahmt. „Das Zollschiff hat wohl am Frachter festgemacht, um ihn zu kontrollieren“, meine ich und gebe Heike das Fernglas zurück. „Papa ist nicht an Bord. Er ist heute Morgen vom Nachtdienst gekommen. Wollen wir unseren Ausguck genauso bauen, Heike?"

„Das ist ja komisch", murmelt Heike statt einer Antwort.

„Was?"

Sie hält immer noch das Fernglas auf den Frachter gerichtet.

„Ein Matrose ist eben an Deck erschienen und hat lauter glitzerndes Zeug über die Reling geworfen."

„Vielleicht Müll?", meine ich achselzuckend. In Gedanken bin ich mit dem Bau unseres Ausgucks beschäftigt.

„Nein, der glitzert doch nicht so in der Sonne. Außerdem ist es verboten, im Fluss Müll zu entsorgen."

„Vielleicht waren es Edelsteine?", lache ich.

„Jetzt passiert der Frachter die rote Fahrwassertonne", berichtet Heike unbeirrt. „Kennst du die Nationalflagge des Schiffes, Sabine?"

„Wie sieht sie denn aus?"

„Sie hat oben und unten einen dicken, roten Querstreifen. In der Mitte ist sie weiß. Da ist ein Baum oder so etwas Ähnliches abgebildet."

„Ich glaube, das ist die Flagge des Libanon." In meinem Zimmer hängt ein Poster an der Wand, auf dem die Flaggen aller Nationen abgebildet sind, und da ich das Poster oft betrachte, kenne ich viele Flaggen.

„Der Matrose steht immer noch an der Reling", berichtet Heike. „Was ist das denn?", fährt sie aufgeregt fort. „Die weiße Jacht taucht an der Nordspitze der Insel auf. Sie kreuzt gegen den Wind auf den Frachter zu. Du, Sabine, jetzt hebt der Matrose an der Reling den Arm. Er winkt den beiden Männern auf der Jacht zu und deutet in unsere Richtung. Komisch – ob er die beiden Männer auf der Jacht kennt?“

„Wie sollte er? Wir winken ja auch manchmal vorüberfahrenden Schiffen zu, ohne die Matrosen zu kennen.“

Neugierig geworden blicke ich ebenfalls über den Fluss. Die Jacht hält auf die rote Fahrwassertonne zu. Der Frachter verschwindet mittlerweile hinter dem Bananensand. Nur seine Ladebäume ragen noch kurze Zeit über die Baumwipfel der Insel hinaus. Dann sind auch sie verschwunden.

„Die kreuzen mit ihrer Jacht wie besessen um die Fahrwassertonne“, ruft Heike verblüfft, „als ob sie dort etwas suchen!“

Plötzlich fällt mir ein, was Papa gestern Abend über den Rauschgiftschmuggel erzählt hat. Und plötzlich fallen mir ganze Vorhänge von den Augen. Ich fahre hoch und merke kaum, dass ich mir den Kopf an einem Ast stoße.

„Du, Heike, ob der Matrose vom Frachter aus Rauschgift in die Elbe geworfen hat?“

Ich fasse Heike vor Aufregung so fest am Arm, dass sie aufschreit.

„Au, spinnst du? “

„Könnte doch sein, dass jemand von der Mannschaft kalte Füße bekommen hat, als das Zollschiff längsseits kam, und das Rauschgift sicherheitshalber über Bord gekippt hat.“

„Das schockt, wenn du recht hättest!“, ruft Heike mit großen Augen.

Endlich hat es bei ihr gefunkt!

Meine Gedanken überstürzen sich.

„Wir haben auflaufendes Wasser“, überlege ich fieberhaft. „Wenn der Matrose das Zeug kurz vor der roten Fahrwassertonne über Bord gekippt hat, müsste es von der Strömung so ziemlich genau in die Bucht eurer Insel getrieben werden. Wollen wir rüber segeln und nachsehen, Heike?“

Meine letzten Worte sind noch nicht ganz verklungen, da stehen wir schon unter der Weide.

„Su! Beeilung!“

Wir hetzen auf dem Pfad durch das Schilf.

„Warum rennt ihr denn so?“ Su hat Mühe uns zu folgen. „Die Holzaugen sitzen immer noch auf dem dritten Stack und starren auf die Tüten wie ein vom Himmel gefallenes Weihnachtsgeschenk. Ihr braucht euch gar nicht zu beeilen!“

Der Kater fährt mit

Ich spurte über die kurze Mole und löse das Tau, das die kleine Jolle wie einen Hund an der Leine festhält, vom Poller. Heike macht sich bereits am Hilfsmotor zu schaffen.

„Rudern oder gegen den Wind kreuzen dauert zu lange“, entscheidet sie kurzerhand.

„Was ist denn so plötzlich in euch gefahren?“, jammert Su verständnislos.

„Wir fahren zur Insel. Steig rasch ein, wenn du mitwillst.“

Su springt ins Boot und setzt sich mittschiffs auf die schmale Ruderbank.

„Chrrr!“, faucht es unter ihr.

Schreckensbleich schnellt Su hoch. „Jetzt hätte ich mich doch beinahe auf Bandit gesetzt! Dummer Kater! Wie kommst du in die Jolle?“

Es ist das erste Mal, dass Bandit freiwillig in ein Boot geklettert ist. Normalerweise hasst er Wasser! Wenn er mit einer Pfote mal in eine Pfütze tappt, zieht er sie angewidert zurück und schüttelt die Tropfen ab, um sie anschließend sorgfältig trocken zu lecken.

„Husch läuft oft im Boot herum“, erklärt Heike lachend. „Vielleicht hat Bandit seinen Geruch geschnuppert.“ Sie schiebt den Goldhamster vorsichtshalber tiefer in die Tasche ihres Kapuzen-Sweatshirts zurück.

„Jetzt musst du mitfahren, Bandit, ob du willst oder nicht. Es ist zu spät, dich an Land zu setzen. Damit sind wir Neunaugen wieder komplett.“ Das Boot dümpelt unruhig auf den Wellen. Zum Glück springt der Motor schon beim vierten Versuch an. Meistens bockt er immer dann, wenn man es eilig hat.

„Das Schwert können wir hochgezogen lassen“, ruft Heike. „Wir brauchen es nur, wenn wir segeln, damit die Jolle nicht kentert.“

Heike reißt die Pinne so hart herum, dass ich nur mühsam das Gleichgewicht halten kann. Rasch lasse ich mich neben den Schwertkasten plumpsen. Die Wellen schäumen an der niedrigen Bordwand entlang. Ab und zu bekomme ich einen Spritzer ab.

Bandit rollt sich entsetzt unter der Bank zusammen, wo er vor Spritzern einigermaßen geschützt ist; er miaut kläglich.

„Dummer Kater!“, schimpft Su noch immer aufgebracht. „Warum kletterst du auch in fremde Boote? Hoffentlich wirst du nicht seekrank!“

Einige Silbermöwen begleiten unser Boot. Die Insel wächst rasch vor uns aus dem Wasser. Wir können bereits die einzelnen Bäume unterscheiden.

„Wir haben gar keine Schwimmwesten an!“, erinnert sich Su plötzlich erschrocken und hält sich sofort krampfhaft am Dollbord fest, als würden wir jeden Moment kentern.

Heike verzieht das Gesicht. „Ich habe in der Eile ganz vergessen, sie euch zu geben. Hoffentlich sind meine Mutter oder mein Vater nicht am Strand, sonst sperren sie mir zur Strafe eine Woche lang das Boot.“

Unsere Unterlassungssünde kann im Notfall ernste Folgen haben, das wissen wir. Zwar können wir alle schwimmen, aber bei den starken Strömungen und Strudeln in der Elbe schafft man es oft nicht mehr, sich bei einem Schiffbruch ans Ufer zu retten. Deshalb darf Heike nur Passagiere mitnehmen, wenn alle eine Schwimmweste tragen.

„Jetzt lohnt es nicht mehr, die Schwimmwesten vorzukramen“, sage ich faul, „wir sind ja gleich da.“

Heike hält auf den kleinen Anlegesteg zu. Am Steg liegt bereits eine Jolle. Das Boot ist breiter und behäbiger als die kleine HAI. Es hat keinen Mast, dafür einen stärkeren Motor. Das Arbeitsboot gehört Bauer Hansen, Heikes Vater. Damit transportiert er alle Waren von Diekhusen zur Insel und umgekehrt.

Kurz bevor wir anlegen, stellt Heike den Motor ab. Der letzte Schwung wirft uns sacht gegen die Bohlen. Ich springe hinaus und befestige das Tau am Pfahl.

Zum Glück sind weder Herr noch Frau Hansen zu sehen. Heike atmet hörbar auf.

Ich will Su beim Aussteigen helfen, aber sie schiebt meine ausgestreckte Hand beiseite und sagt großtuerisch: „Ich kann das allein. Ich bin doch keine alte Oma!“

Das hat man davon, wenn man einmal nett zu seiner Schwester ist!

„Was machen wir mit Bandit?“, fragt Heike stirnrunzelnd.

„Er kann so lange im Boot warten, bis wir wiederkommen“, sage ich.

Wir stürmen über die wippenden Bretter des Stegs und springen in den Sand. Eine breite Lücke klafft zwischen den Bäumen. Dort führt ein befestigter Weg zum Bauernhof.

Wir jagen am Strand entlang zur Nordspitze der Insel. Als wir uns auf gleicher Höhe mit der Leuchttonne befinden, die das Ende des Bananensandes anzeigt, können wir das Fahrwasser sehen.

„Schau mal, Sabine, die Jacht mit den beiden Männern kreuzt immer noch in der Nähe der roten Fahrwassertonne!“

„Ja, es sieht wirklich so aus, als ob die etwas suchen. Sie starren dauernd aufs Wasser.“

„Auf dem Stack bewegen sich drei Punkte“, lenkt Su uns ab und deutet zum Land zurück. „Das müssen die Holzaugen sein.“

„Ob die immer noch dasitzen und die Mehltüten anstaunen?“, kichere ich.

Wir biegen um die Nordspitze. Das heimatliche Ufer entschwindet unseren Blicken. Jetzt befinden wir uns an der langen, halbkreisförmigen Bucht der Insel. Die tiefe Fahrrinne liegt direkt vor uns. Ein Frachter, bis in Höhe der Kommandobrücke mit Containern beladen, stampft vorüber. Er überholt einen langsameren Lastkahn. Kurze Zeit später laufen die von den Schiffsschrauben aufgewühlten

Wellen wie vorschnellende weiße Katzenpfoten am Rande der Bucht entlang.

„Warum sind wir überhaupt hier?“, fragt Su mit einemmal.

„Wir suchen Plastiktüten mit weißem Inhalt“, erklärt Heike.

„Oh, toll! Haben die Holzaugen für uns auch Beutel mit Mehl versteckt, von denen wir denken sollen, dass es Rauschgift ist?“

Ich knurre etwas Unverständliches und lasse Su in dem Glauben. Vielleicht ist es besser, wenn sie gar nicht weiß, dass wir jetzt echtes Rauschgift suchen.

In gebückter Haltung wandern wir langsam am Rande der Bucht entlang. Alles, was wir finden, sind zwei angeschwemmte leere Cola-Dosen, einige Möwenfedern und ein halbverwester Fisch.

„Puh, mir ist heiß!“, stöhnt Su. „Ich habe keine Lust mehr.“

Sie wirft sich protestierend in den warmen Sand und schließt die Augen. „Ihr könnt allein weitersuchen.“

„Su hat recht“, beschwert sich auch Heike. „Außer angeschwemmtem Müll finden wir bestimmt nichts.“

Sie zieht ihr Sweatshirt aus, lässt sich neben Su in den Sand plumpsen und blinzelt faul in den fast wolkenlosen Himmel. Husch schlüpft aus der Tasche des Kapuzen-Shirts. Flink klettert er auf Heikes Arm entlang und macht auf ihrer Brust Männchen.

„Sag mal, Heike“, erkundigt sich Su blinzelnd, „ich denke, Hamster sind Nachttiere. Wieso schläft deiner am Tag nicht?“

„Ab und zu schläft er bestimmt.“

„Na, ich danke!“ Su schüttelt sich. „Ich würde es nicht gerade gemütlich finden, in einer Hosen- oder Hemdtasche zu schlafen.“

„Du bist ja auch kein Hamster“, gibt Heike lachend zurück. „Husch fühlt sich bei mir wohl. Er mag mich.“

„Seltsam“, überlegt Su und dreht nachdenklich einen ihrer dünnen Zöpfe um den kleinen Finger, „dich mögen wohl alle Tiere, Heike. Sogar unser Kater schmust mit dir, und das tut er sonst mit niemandem.“

„Wenn Bandit mit mir schmust, hat er bestimmt Hintergedanken!“, freut sich Heike. „Er hofft, dadurch leichter an Husch heranzukommen zu können.“

Ein Motorschiff tuckert ganz nah vorüber. Ich blicke noch einmal zur roten Fahrwassertonne. Dort, auf gleicher Höhe mit der Tonne, hat der Matrose das glitzernde Zeug über Bord geworfen. Falls es nicht untergegangen ist, hätte es die Strömung hier in der Bucht anspülen müssen.

„Ich suche weiter“, sage ich entschlossen.

Ich mag einfach noch nicht aufgeben. Irgendwie habe ich mir fest eingeredet, dass wir hier Rauschgift finden. Langsam schlendere ich am Ufer weiter.

Zwischen den Zweigen eines angeschwemmten Astes blinkt und flimmert plötzlich etwas. Mit klopfendem Herzen renne ich darauf zu.

Sei nicht enttäuscht, wenn es nur eine Glasscherbe ist, die in der Sonne glitzert! tröste ich mich selbst.

Aber es ist keine Glasscherbe. Ein Plastikbeutel hat sich in den Zweigen verfangen. Die Wellen lecken wie kleine, emsige Zungen an ihm entlang. Aber sie haben nicht genug Kraft, um den Beutel in den Fluss zurückzureißen.

Ich fasse ihn rasch an einem Ende und ziehe ihn ein Stück den Strand hinauf auf trockenen Sand. In dem Beutel stecken kleinere Plastiktüten, durch die ein weißer Inhalt hindurchschimmert.

Obwohl ich triumphierend beide Arme schwenke, wird mir beim Anblick der kleinen, weißen Tüten beklommen zumute. Ich bekomme Angst.

Endlich werden Su und Heike aufmerksam. Sie stützen sich auf die Ellenbogen, blicken eine Ewigkeit fragend zu mir herüber und springen endlich auf die Füße.

„Hast du etwas gefunden?“, schreit Heike von weitem.

Stolz halte ich ihr den Beutel entgegen, und zugleich mit dieser Bewegung scheuche ich die unguten Gefühle fort.

„Das schockt!“, stottert Heike entgeistert. „Ob da tatsächlich Rauschgift drin ist?“

„Bestimmt! Wo lassen wir den Beutel jetzt?“

„Wir verstecken ihn erst einmal in meinem Zimmer“, schlägt Heike aufgeregt vor. „Danach überlegen wir weiter.“

„Su braucht nicht zu wissen, dass da echtes Rauschgift drin ist“, flüstere ich rasch, bevor Su bei uns anlangt.

„Zeig mal, Sabine! Sind da genau so kleine Tüten drin, wie wir sie für die Holzaugen versteckt haben? Krass. Dann können wir jetzt hinübersegeln und den Jungen melden, dass wir ihre Tüten gefunden haben.“

„Nein. Du darfst niemandem etwas davon erzählen, weder den Holzaugen noch sonst jemand. Das ist Geheimstufe eins.“

„Hm?“, macht Su ein verdutztes Gesicht. Dann

nickt sie eifrig, als ob sie alles verstanden hätte.

„Ich gehe voraus und sehe nach, ob die Luft rein ist“, schlägt Heike mit zitternder Stimme vor.

„Warum ist Heike denn auf einmal so komisch?“, fragt Su ganz unschuldig.

„Wieso komisch?“, brumme ich unwirsch. „Sie ist doch nicht komisch.“

„Doch, und du auch“, beharrt Su. „Ihr seid so nervös wie Mama, wenn sie ihre Schlüssel verlegt hat.“

Ich ziehe es vor zu schweigen, und so stiefelt Su in einigem Abstand hinter mir her ins Innere der Insel.

Ein aufregender Fund

Einige Kühe grasen friedlich auf der Weide. Sie starren uns verwundert nach, ohne mit Kauen innezuhalten. An die Wiesen schließen sich Weizenfelder an. Irgendwo in der Ferne hören wir das Tuckern eines Traktors.

Wir pirschen uns am Rand des Feldes entlang und stoßen auf einen schmalen Weg, der direkt zu dem reetgedeckten Bauernhof führt. Das riesige Haus steht erhöht auf einer Warft. Da die Insel keinen Deich hat, kann es bei einer schweren Sturmflut passieren, dass sie überflutet wird. Sollte das geschehen, wäre das Haus trotzdem nicht gefährdet. Es würde auf seinem Hügel wie auf einer eigenen, kleinen Insel aus dem Wasser ragen.

Heike kann sich nicht erinnern, dass die gesamte Insel schon einmal überflutet war. Trotzdem gibt es den Bewohnern ein sicheres Gefühl, zu wissen, dass das Haus hoch und trocken steht.

„Warte!“, halte ich Su zurück und bleibe unterhalb der Warft stehen.

Als Heike uns von der Eingangstür aus zuwinkt, klettern wir schnell den Hügel hinauf. Schäferhund Wotan knurrt leise in seinem Zwinger, als wir an ihm vorbeilaufen.

„Tsch“, macht Heike beschwichtigend.

Da ist er still und legt seinen Kopf auf die Pfoten.

„Kommt rein!“, flüstert Heike uns zu, „Mutter arbeitet im Gemüsegarten, sonst ist niemand im Haus. Soll ich dir den Beutel abnehmen, Sabine?“

„Nicht nötig!“ wehre ich ab und umklammere den Plastikbeutel fester. „So schwer ist er nicht.“

Wir huschen durch die große Diele, von der eine Menge Türen in die einzelnen Wohnräume und in den Stall abzweigen. Hier ist es auch bei Sonnenschein immer ein wenig dämmerig. Es riecht so seltsam wie in einem Heimatmuseum.

„Das kommt von den alten Möbeln“, erklärt Heike. „Eine Truhe ist schon über zweihundert Jahre alt und sehr wertvoll.“

Su und ich zucken unwillkürlich zusammen, als die große Standuhr in der Ecke dumpf viermal schlägt.

„Dumme Uhr!“, schimpft Su erschrocken, während Heike über unsere Schreckhaftigkeit lacht. Wir steigen rasch die Treppe hinauf und drängen uns aufatmend in Heikes Zimmer.

Hier ist es hell und freundlich. Rosa geblümte Gardinen hängen vor dem Fenster, und auf einem kleinen Tisch neben Heikes Bett steht Huschs Käfig. Heike setzt den Hamster hinein. Er rennt aufgeregt einmal im Kreis herum und verschwindet in seiner Höhle, die er aus Stoff-Fetzen und Holzwolle gebaut hat und in der er alle gehamsterten Leckerbissen versteckt.

Erleichtert lasse ich den Plastikbeutel auf den Teppich fallen.

„Heike, ich habe Durst“, sagt Su.

Das kommt Heike und mir wie gerufen. Auf diese Art und Weise können wir Su vielleicht einige Zeit loswerden, um in Ruhe über den Rauschgiftfund sprechen zu können.

„Geh zu meiner Mutter in den Garten und lass dir von ihr etwas zu trinken geben“, schlägt Heike schnell vor. „Wir kommen gleich nach.“

„Dann muss ich ja an Wotan vorbei“, protestiert Su.

„Wotan kennt dich doch. Er passt nur gut auf, dass kein Fremder auf dem Hof herumschleicht. Jeder, der mit seinem Boot auf unserer Insel anlegt, könnte sonst im Haus herumschnüffeln, weil bei uns immer alle Türen offen stehen.“

„Vielleicht hält Wotan mich auch für einen Schnüffler“, sorgt sich Su.

„Dann geh doch hinten durch den Stall. Meine Mutter hat selbstgemachten Himbeersaft.“

Su zieht ohne weiteren Kommentar ab. Der selbstgemachte Himbeersaft hat ihr Interesse geweckt.

„Nichts von unserem Fund verraten!“, rufe ich ihr vorsichtshalber nach: „Denk daran: Geheimstufe eins!“

Als die Tür hinter Su zugefallen ist, sehen Heike und ich uns an. Dann blicken wir wie auf Kommando auf den noch feuchten Plastikbeutel.

„Ob in den kleinen Tütchen wirklich Rauschgift ist?“, fragt Heike mit zitternder Stimme. „Es kommt mir so unwahrscheinlich vor.“

„Glaubst du vielleicht, dass der Matrose einen Beutel mit Mehl über Bord gekippt hat, um uns reinzulegen, so wie wir die Jungen reingelegt haben?“, antworte ich spöttisch.

Nein, das glaubt Heike nun wirklich nicht.

„Wollen wir mal probieren, wie das Zeug schmeckt?“,

„Bist du verrückt!“ rufe ich entsetzt. „Wenn du ein bisschen zuviel nimmst, fällst du mausetot um!“

Heike schaudert und betrachtet den Beutel argwöhnisch.

„Das ist ja ein richtiges Teufelszeug. Dabei sieht es so harmlos aus.“

„Außerdem ist der Beutel zugeschweißt. Wir können ihn doch nicht einfach aufmachen, um an die kleinen Tütchen zu gelangen. Was meinst du, wie viele Tausender die wert sind?“

„Tausende Euros?“, fragt Heike entgeistert. „Das bisschen Krümelkram?“

„Wegen so einem bisschen Krümelkram werden sogar Menschen umgebracht. Das hat mein Vater einmal erzählt.“

„Wollen wir nicht lieber sofort die Polizei anrufen, Sabine?“, meint Heike ganz ängstlich.

Sie schaut sich vorsichtig um, als würden die Mörder bereits hinter ihr stehen.

„Nein. Überleg doch mal logisch! Inzwischen haben die Holzaugen bestimmt schon die Polizei von ihrem Fund benachrichtigt. Die Polizisten flitzen herbei – und was finden sie? Tüten mit Mehl anstatt mit Rauschgift! Wenn wir jetzt anrufen, dass wir auch Rauschgift aus der Elbe gefischt haben, lachen die uns nur aus und glauben kein Wort.“

„Vielleicht hast du recht. Aber meine Mutter können wir wenigstens einweihen."

„Ich weiß nicht", sage ich unschlüssig. „Die bekommt nur unnötig einen Schock. Uns kann doch nichts passieren. Niemand hat gesehen, wie wir den Beutel aus dem Wasser gezogen haben."

„Wenn du meinst ... Aber irgendwie habe ich ein komisches Gefühl, wenn ich mir vorstelle, dass jetzt irgendwo Leute warten, für die das Rauschgift bestimmt war."

„Ach wo", wische ich Heikes Bedenken beiseite. „Es weiß doch niemand, dass das Rauschgift hier liegt. Wenn ich mir vorstelle, dass wir im Augenblick reicher sind als alle Leute in Diekhusen zusammen, könnte ich abdrehen!"

„Nun fang nur nicht an auszuflippen! Schließlich gehören uns die Tütchen nicht!" Heikes Worte ernüchtern mich. „Überleg lieber, wie es weitergehen soll."

„Ich werde Papa nachher von unserem tollen Fund erzählen. Dem fallen vor Überraschung die Augen aus dem Kopf! Er weiß bestimmt, was zu tun ist. So lange ist das Rauschgift hier gut aufgehoben."

Damit schiebe ich den Beutel mit dem Fuß unter Heikes Bett und gehe ans Fenster. Am gegenüberliegenden Ufer liegt Diekhusen im Sonnenschein. Ich kann den Giebel unseres Reetdaches über den Deich lugen sehen. Das in der Sonne blinkende Viereck darin ist mein Zimmerfenster.

Heike ist neben mich getreten. „Da ist ja schon wieder die Jacht mit den zwei Männern!", ruft sie überrascht. „Sie schippern in der Nähe der Stacks herum. Jetzt holen sie die Segel herunter!"

„Vielleicht wollen sie anlegen", meinte ich nicht sonderlich interessiert. Der Bug des Bootes zeigt jetzt auf das Stack an dem wir die Tüten mit Mehl abgelegt haben. Ein schwarzer Punkt – das muss einer der Männer sein – springt heraus und watet ans Ufer, wo er zwischen den Weiden verschwindet.

„Schade, dass wir Heikos Fernglas nicht hier haben“, bedauert Heike.

„Vielleicht muss der Mann nur mal“, sage ich.

Wir warten eine Weile. Als nichts weiter geschieht, erlahmt unser Interesse.

„Wollen wir uns auch etwas zu trinken holen, Sabine? Ich verdurste beinahe!“ Heike ist nicht mehr zu stoppen und geht los.

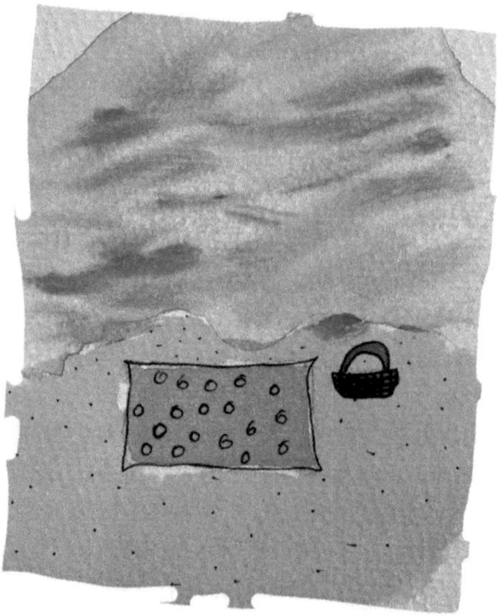

Hätten wir nur noch eine Minute Geduld gehabt, dann hätten wir dort drüben bei der Jacht erstaunliche Dinge sehen können! So aber wenden wir uns ab und springen die Treppenstufen hinab.

Anstatt sofort nach Diekhusen zu segeln und meinen Vater aufzusuchen, verbringen wir den restlichen Nachmittag faul in der Bucht. Frau Hansen, Heikes Mutter, hat uns einen Henkelkorb mit Himbeersaft und frischgebackenem Apfelkuchen mitgegeben. Das wird ein tolles Picknick am Strand. Fast vergessen wir unseren Fund darüber. Wir ziehen die Sandalen aus und waten im Wasser umher. Unsere Eltern sehen es nicht gern, dass wir im Fluss baden. Erstens ist es wegen der Strömung nicht ungefährlich, und zweitens ist die Elbe von all den Industrieabwässern sehr verschmutzt. Viele Seeleute werfen leider immer noch bei Nacht und Nebel ihren Müll über Bord, ohne lange darüber nachzudenken, was sie damit für Schäden im Fluss und auch unter den Fischen und Vögeln anrichten.

Unser Biologielehrer hat gesagt: „Wenn das so weitergeht mit all den Abwässern, riecht der stolze Strom bald mehr nach Öl und Fäulnis als nach frischem Wasser."

Und das stimmt. Es ist furchtbar: Auch heute finden wir alte Flaschen, einen zerfetzten Schuh, Reste von einem Karton und eine tote, ölverschmierte Möwe.

Wahrscheinlich ist die Möwe in eine schwimmende Öllache geraten, davon wurde ihr Gefieder total verklebt. Sie konnte nicht mehr fliegen und nicht mehr richtig fressen. Durch die Ölflecken drang Seewasser zwischen Federn und Haut und kühlte die arme Möwe völlig aus. So ist sie elend gestorben.

Heike hebt den toten Vogel traurig auf.

„So elend musstest du zugrunde gehen, du arme Seeschwalbe."

Sie streicht über die ölverklebten Federn.

„Sie ist ein so schöner Vogel, wenn sie sich in die

Luft erhebt und frei dahinsegelt", sagt sie bedrückt.

Su, Heike und ich graben ein Loch unter einem Weidenbusch. Heike legt den Vogel auf ein Bett aus abgerupftem Gras, und mit Gras wird er sorgfältig zugedeckt, bevor wir Erde darüber schieben.

„Nun brauchst du nicht mehr traurig zu sein, Heike", tröstet Su. „Die Möwe hat jetzt ein schönes Grab."

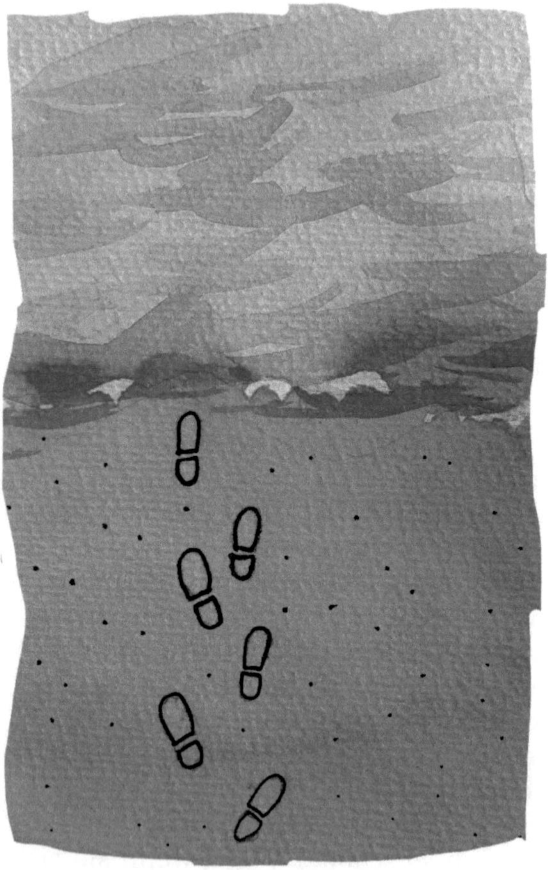

Statt einer Antwort hebt Heike einen abgebrochenen Ast vom Boden auf und schleudert ihn wütend auf einen der Abfallhaufen.

„Kommt, wir suchen den Müll zusammen“, schlage ich vor, um Heike auf andere Gedanken zu bringen.

Immer, wenn wir hier in der Bucht spielen, sammeln wir den angeschwemmten Abfall zu großen Haufen zusammen. Ab und zu kommt Heikes Vater mit Traktor und Anhänger und lädt den Müll mit einer Mistgabel auf.

„Wenn wir nicht ab und zu den Unrat absammeln würden“, knurrt Bauer Hansen dann, „wäre vor lauter Abfällen wohl schon kein Sand mehr auf der Insel zu sehen.“

Durch die tote Möwe ist uns die Freude am Herumtoben vergangen.

„Lasst uns zum Hof zurückgehen“, sagt Heike leise. „Ich muss meinen Rucksack mit den Schulbüchern noch bei euch abholen. Gib mir den Korb, Sabine. Ich nehme rasch Husch aus seinem Käfig. Er kommt mit. Inzwischen könnt ihr beide die Jolle klarmachen.“

Wer hat die Holzaugen gesehen?

„Wollen wir segeln oder rudern?“, fragt Heike.

„Rudern“, schlage ich vor.

„Okay.“

Sie holt drei Schwimmwesten aus dem Staukasten.

Ich helfe Su, die leuchtend orange Schwimmweste anzulegen. Heike setzt den Goldhamster auf die Ruderbank, wo er eifrig hin und her saust.

Su blickt sich suchend im Boot um.

„Wo ist denn Bandit geblieben?"

Instinktiv hält Heike schützend die Hände über den Goldhamster.

„An den Kater habe ich gar nicht mehr gedacht", sagt sie erschrocken. „Wo steckt er denn?"

Viele Möglichkeiten zum Verstecken gibt es auf der kleinen Jolle nicht.

„Bandit ist nicht mehr an Bord", beruhige ich Heike, nachdem ich sogar im Staukasten nachgesehen habe.

„Dann ist er hinausgeklettert und stromert jetzt auf der Insel umher."

„Bandit! Bandit! So komm doch endlich, wir wollen nach Hause fahren!" Su schreit so laut sie kann.

„Es hat keinen Zweck, ihn länger zu rufen", erkläre ich Su. „Wenn Bandit irgendwo einer Maus auflauert, hat er taube Ohren. Wir müssen ihn morgen holen, sonst wird es zu spät." Bandit ist ein selbstständiger Kater. Wir brauchen uns keine Sorgen um ihn zu machen.

Su darf sich auf den Staukasten im Heck setzen und steuern. Sie strahlt. Das würde Heiko ihr niemals erlauben. Heike und ich stecken jede einen Riemen in die Dollen und rudern eifrig drauflos. Das Wasser gluckert leise an der Bordwand entlang, das Boot hebt und senkt sich sanft mit jeder Welle. Die Sonne steht nicht mehr so hoch am Himmel. Auf dem Wasser wird es merklich kühler.

„Ich könnte stundenlang so dahinrudern", schwärme ich.

„Na, mindestens so lange, bis du vom Rudern Blasen an den Händen bekommst!" stellt Heike nüchtern fest.

„Unterhalb vom Campingplatz liegt ein Kajütboot am Ufer“, meldet Su aufgeregt.

Heike und ich halten mit Rudern inne und drehen uns um.

„Das ist die Jacht mit den beiden Männern“, erklärt Heike. „Die beiden haben ihren Wohnwagen auf dem Campingplatz stehen. Sie sind wohl zu faul, die Jacht ordentlich im Hafen zu vertäuen und die tausend Meter zu Fuß zum Campingplatz zu gehen.“

„Denen gönne ich, dass ihre Jacht morgen auf dem Trockenen liegt und sie warten müssen, bis die Flut kommt“, grinse ich schadenfroh. Ich weiß nicht warum, aber irgendwie sind mir die Männer, denen das hübsche Boot gehört, unsympathisch, obwohl ich sie gar nicht kenne.

Viele Segelfreunde benutzen ihre Wohnwagen nur als Schlafplatz. Sonst tummeln sie sich an den Wochenenden und im Urlaub den ganzen Tag über mit ihren Booten auf dem Strom. Bei schönem Wetter kann man vor lauter weißen, bunten und gestreiften Segeln kaum das Wasser sehen. Dann müssen die Lotsen auf den großen Schiffen besonders gut aufpassen, dass ihnen so ein kleiner Wasserfloh nicht plötzlich vor den Bug gerät.

„Manche Leute sind unverantwortlich leichtsinnig“, regt sich mein Vater oft auf. „Sie fühlen sich auf ihren Booten gleich wie erfahrene Kapitäne und halten sich einfach nicht an die Seeschifffahrtsstraßen-Ordnung. So passiert es leider jedes Jahr wieder, dass Segler ertrinken, weil ihre Boote kentern und sie keine Schwimmwesten tragen.“

Als wir uns dem kleinen Hafen nähern, meint Heike: „Die Jungen werden eine Stinkwut auf uns haben, wenn sie ihren Mehl-Rauschgiftfund inzwischen bei der Polizei abgeliefert haben.“

„Na und?“, sage ich geringschätzig. „Wo stecken sie überhaupt?“

„An der Mole ist niemand“, meldet Su eifrig. „Alles ist öde und verlassen.“

„Die müssten uns von ihrem Ausguck doch schon lange erspäht haben“, wundere ich mich.

Heike zieht rasch ihr Ruder ein. Der Fender, der außenbords hängt und wie ein Kissen wirkt, mildert den Anprall an der Mauer. Das Wasser fällt bereits wieder. Heike muss drei Sprossen an der Mauer emporklimmen, damit sie das Tau um den Poller legen kann.

Nun stehen wir drei auf der Mole und blicken uns unschlüssig um.

„Su, gehst du bitte nach Hause und sagst Mama, dass Heike und ich bald nachkommen? Wir suchen inzwischen Heiko!“

„Okay“, stimmt Su zu meiner Verwunderung ohne Murren zu. Sie schlendert nach rechts zu den Häusern des Dorfes, während wir uns nach links zum Schilf wenden. Der Sand auf dem Pfad ist noch feucht. Kleine Rinnsale bahnen sich zwischen den Schilfhalmen einen Weg zum Wasser.

Als wir uns dem Ausguck nähern, treten wir unwillkürlich leiser auf. Nichts rührt sich. Die Strickleiter weht sacht im Abendwind hin und her.

„Die Holzaugen scheinen fort zu sein“, stelle ich überflüssigerweise fest.

„Warum haben sie die Strickleiter nicht hochgezogen? So muss ja jedem ihr Geheimversteck auffallen“, sagt Heike unsicher. „Irgendetwas stimmt hier nicht!“

„Vielleicht waren sie in Eile!“

Rasch klettere ich die Leiter hinauf. Heike folgt mir.

„Ich weiß nicht“, stelle ich nach einem kurzen Rundblick fest, „irgendwie sieht alles noch genauso aus, wie wir es verlassen haben. Ist doch seltsam!“

„Genau“, sagt Heike besorgt, „das Fernglas liegt noch so da, wie ich es hingelegt habe. Warum hat Heiko es nicht mitgenommen? Sonst stellt er sich immer so damit an.“

„Dafür gibt es nur eine Erklärung“, sage ich, „nämlich, dass die Jungen gar nicht mehr zu ihrem Ausguck zurückgekehrt sind. Wahrscheinlich sind sie nach ihrem Rauschgiftfund sofort ins Dorf gelaufen, um die Polizei zu benachrichtigen.“

„Inzwischen sind drei Stunden vergangen“, wendet Heike ein und blickt auf ihre Armbanduhr. „Da müsste sich die Angelegenheit mit dem Mehl längst aufgeklärt haben."

„Jedenfalls ziehe ich erst einmal die Leiter hoch", sage ich achselzuckend. Ich weiß im Augenblick auch keinen Rat.

„Und ich nehme das Fernglas mit!" Heike hängt es sich um den Hals.

Als ich die letzte Sprosse der Strickleiter um ein Ast-Ende hänge, fällt mein Blick auf Bastians Taschenmesser. Automatisch stecke ich es in die Tasche meiner Jeans, bevor ich zu Heike hinunter springe.

„Lass uns sicherheitshalber zum dritten Stack laufen und nachsehen, ob die Tüten mit dem Mehl noch dort liegen!" schlägt Heike vor.

An dem Stack finden wir statt der Plastiktüten eine Menge verwirrender Fußabdrücke im nassen Sand.

„Das sind doch Fußspuren von Erwachsenen", meint Heike stirnrunzelnd. „Irgendwie müssen die Männer von der Jacht mit den Jungen zusammengestoßen sein. Die Fußstapfen laufen alle wirr durcheinander."

„Heike, sieh doch nur!" rufe ich verblüfft. „Die Fußstapfen der Jungen zeigen alle in Richtung Wasser."

„Na und? Was ist daran so Aufregendes?"

„Die Spuren kommen nicht mehr an Land zurück!" Heike starrt mich fassungslos an. Erst langsam begreift sie die Bedeutung meiner Worte.

„Ja, aber ... dann bleiben nur zwei Möglichkeiten. Entweder haben sich die Holzaugen zu Fuß an eine Elbdurchquerung gemacht oder sie sind zu den Männern auf die Jacht gestiegen. Da die erste Möglichkeit ausscheidet, bleibt nur die zweite, obwohl die auch recht unwahrscheinlich ist. Denn die Jungen kennen die Männer doch überhaupt nicht."

Langsam wird mir unheimlich zumute. Es ist richtig beängstigend ..., die vielen Fußstapfen, die alle im Wasser verschwinden.

„Komm, Heike, wir sehen erst einmal nach, ob Bastian zu Hause ist", rede ich mir selber Mut zu. „Vielleicht sitzen alle drei quietschvergnügt im Café und essen Himbeereis mit Sahne, während wir hier rumstehen und Rätsel raten."

„Bestimmt ist das mit den Fußspuren auch nur ein Trick von ihnen", überlegt Heike hoffnungsvoll.

Im Dauerlauf traben wir zum Hafen zurück. Die Jolle tänzelt einsam an der Mole. Wir steigen den Deich hinauf und stürmen über den Steg ins Café. So sicher sind wir gewesen, die Jungen hier anzutreffen, dass wir nun enttäuscht über die leeren Stühle blicken. Niemand ist zu sehen.

„Bastian! Heiko! Flo!" ruft Heike beunruhigt. „Seid ihr hier?"

Aber nur Tante Almut erscheint.

„Das ist ja nett, dass ich endlich mal zwei von euch Herumtreibern zu sehen bekomme", poltert sie los. „Wo steckt Bastian?"

„Wieso? Wir dachten, er wäre hier!"

„Hier ist kein Mensch! Seit dem Mittagessen habe ich ihn nicht mehr gesehen. Nicht einmal die Zeitung hat er ausgetragen. Die Diekhusener werden heute erst beim Abendbrot ihre Zeitung lesen können. Na, der kann sich auf was gefasst machen! Ihr müsst doch wissen, wo er ist! Ihr steckt doch immer alle zusammen!"

„Vielleicht sind die Jungen ja auf dem Campingplatz", sage ich unsicher.

„Dann seht bitte sofort dort nach und schickt Bastian gleich nach Hause."

Damit schiebt sie uns zur Tür hinaus.

„Die ist sauer", murmelt Heike, als wir wieder auf dem Deich stehen.

Das nächste Haus ist unseres. Wir blicken von oben in den Garten hinab. Weder Su noch Mama noch Papa sind zu sehen. Die Schaukel hängt unberührt im Apfelbaum.

„Heike, wollen wir rasch bei uns reinschauen und meinem Vater von dem Rauschgiftfund erzählen?"

„Das kannst du später immer noch tun. Ob das Zeug nun eine Viertelstunde länger unter meinem Bett liegt oder nicht, darauf kommt es jetzt auch nicht mehr an. Zuerst muss ich Heiko finden. Wenn wir bis spätestens halb acht nicht zu Hause sind, sperrt uns meine Mutter für eine Woche das Boot. Sie lässt keine Entschuldigung gelten, in der Beziehung ist sie härter als eine Kokosnuss. Dann muss Vater uns frühmorgens nach Diekhusen fahren, nach Schulschluss holt er uns mit seiner Arbeitsjolle wieder ab. Eine ganze Woche lang sitzen Heiko und ich dann auf dem Bananensand fest."

Sieben lange Tage ohne meine Freundin Heike auskommen zu müssen, davon bin ich auch nicht erbaut. Erst einmal helfe ich Heike, ihren Bruder zu finden; das Rauschgift kann warten.

Wir rennen auf der Deichkrone weiter. Der günstige Augenblick, schnell ins Haus zu laufen und meinem Vater von unserem abenteuerlichen Fund zu erzählen, ist verpasst. Später begreifen wir, wie dumm und leichtsinnig wir waren. Wie ahnungslos. Und was für einen schweren Fehler wir gemacht haben.

Links unter uns taucht Haus Nr. 1 auf. Hier wohnt Flo. Seine Mutter arbeitet im Garten. In der Sandkiste spielen die kleinen Zwillingsschwestern. Als uns Flos Mutter auf dem Deich entdeckt, stellt sie den Rasenmäher ab.

„Ist Florian zu Hause?“, erkundigen wir uns.

Sie mag es nämlich nicht, wenn wir ihren Sohn Flo nennen und kann sich sehr darüber aufregen.

„Nein. Ich denke, er ist bei euch!“

„Vielleicht sind die Jungen am Campingplatz. Wir sehen mal nach.“

„Sagt Florian, dass wir um sieben Uhr Abendbrot essen. Er soll pünktlich sein!“

„Ist heute Nachmittag die Polizei in Diekhusen gewesen?“ Ich kann meine Neugierde nicht bezähmen.

„Nein. Wieso, Polizei? Habt ihr etwas angestellt?“, fragt sie beunruhigt.

Wir sind bereits weitergelaufen und tun so, als hätten wir die Frage nicht gehört.

„Komisch“, keuche ich außer Atem, „im Dorf scheint niemand etwas von den Plastiktüten mit Mehl zu wissen.“

„Vielleicht haben die Holzaugen das Zeug probiert und gemerkt, dass es nur gewöhnliches weißes Mehl war. Daraufhin haben sie erst gar nicht bei der Polizei angerufen.“

„Schade, dann wäre unser schöner Streich misslungen. Aber wo zum Teufel stecken sie dann? Sie können sich doch nicht in Luft aufgelöst haben!“

Entdeckung im Wohnwagen

In der Ferne tauchen viele weiße Tupfen auf. Das sind die Wohnwagen und die Häuschen auf dem

Campingplatz.

„Die Jacht liegt noch da", stellt Heike automatisch fest.

Wir blicken über das schmale Deichvorland zur Jacht hinüber. Wenn die Männer das Boot nicht in tieferes Wasser bringen, wird es bei zunehmender Ebbe bald auf dem Trockenen liegen. Der Bananensand erstreckt sich in voller Länge vor uns und versperrt die Sicht auf das Fahrwasser.

Heike stößt mich an. „Lass uns auf dem Campingplatz nachsehen, Sabine!"

Wir hüpfen die schmalen Treppenstufen im Deich hinunter und halten vor einer verschlossenen Pforte an. Das ist für uns kein Hindernis. Rasch klettern wir hinüber und bleiben dann unschlüssig stehen.

Die Wohnwagen stehen in Sechserreihen ordentlich nebeneinander. Zwischen ihnen herrscht gähnende Leere. Weder Autos noch Menschen sind zu sehen, erst recht nicht die Holzaugen.

„Vielleicht sind sie im Gebäude", sagt Heike hoffnungsvoll, aber ihr Gesichtsausdruck verrät mir, dass sie selbst nicht daran glaubt.

Fehlanzeige. Die Bürotür ist verschlossen.

Ein Schild hängt im Fenster.

Geöffnet: Freitag – Samstag – Sonntag von 8 - 22 Uhr. Übrige Tage bitte in Diekhusen, Haus Nr. 1, melden.

Was nun? Wir wissen nicht mehr weiter. Ratlos blicken wir an dem Gebäude entlang.

„In den Waschräumen werden sie wohl kaum sein?", seufze ich zweifelnd.

Trotzdem werfen wir einen Blick hinein. Natürlich umsonst.

„Aber wo können die drei denn sonst noch stecken?“, fragt Heike verzweifelt. Ihre Ruhe und Gelassenheit sind verschwunden. „Und wo sind die Männer, denen die Jacht gehört?“

Ich blicke mich ratlos um. „Die sind wohl mit dem Auto weggefahren. Falls sie sich im Wohnwagen aufhalten würden, müsste ja ihr Wagen hier irgendwo stehen!“

„Warum vertäuen sie dann ihr Boot nicht ordentlich im Hafen, wenn sie wegfahren?“

„Weiß ich doch nicht!“, antworte ich gereizt. „Vielleicht kommen sie bald zurück. Sie sind bestimmt nur zum Einkaufen gefahren.“

„Quatsch! Dafür ist es viel zu spät. Jetzt sind alle Läden geschlossen!“

Heike steckt mich langsam mit ihrer Angst an. Irgendetwas ist hier faul! Man riecht es förmlich. Ich komme nur nicht darauf, was nicht stimmen kann. Verzweifelt überlegen wir.

Heike stampft zornig mit dem Fuß auf. So kenne ich sie gar nicht. „Wo steckt Heiko nur? Er weiß doch, dass wir spätestens um halb acht zu Hause sein müssen!“

Sie ruft laut durch die leeren Wohnwagengassen: „Heiko! Wo bist du? Heiko!“

Wir lauschen. Nichts rührt sich. Nur der Wind streicht durch die Bäume, ein paar Möwen kreischen aufgeregt über unseren Köpfen.

„Heike, wir können ja erst einmal zu meinem Vater gehen und ihm alles von unserem Rauschgiftfund erzählen. Er wird bestimmt bei euch anrufen und deine Mutter beruhigen. Vielleicht sind die Jungen inzwischen schon wieder in Diekhusen aufgetaucht. Komm, lass uns gehen!“, dränge ich.

Irgendwie ist mir der Campingplatz nicht geheuer.

Am Wochenende wimmelt es hier von lachenden Erwachsenen und spielenden Kindern. Dann erwacht der ganze Platz zu lautem, fröhlichem Leben. Aber jetzt ist alles so leer und unheimlich still. Die starren Wohnwagenreihen jagen mir Angst ein.

Plötzlich fasst mich Heike am Arm. „Psst, hast du das gehört?"

„Was denn?"

Wir lauschen angestrengt.

Jetzt höre auch ich ein dumpfes Geräusch. Es klingt, als ob jemand mit der Faust gegen eine Tür schlägt.

„Ich glaube, das kommt dort aus dem Wohnwagen", stottere ich und versuche vergeblich das Zittern in meiner Stimme zu unterdrücken.

„Was mag das sein?", flüstert Heike und sieht mich erschrocken an.

„Vielleicht ein Tier", sage ich unsicher.

„Wie soll denn ein Tier da hineinkommen?"

„Die Besitzer könnten es vergessen haben."

„Mensch, das merkt man doch, wenn man seinen Hund oder seine Katze vergessen hat!"

„Wir haben Bandit auch auf der Insel zurückgelassen", erinnere ich Heike. „Der Arme stromert jetzt irgendwo auf dem Bananensand umher."

„Das ist doch etwas anderes", sagt Heike ungeduldig. „Bandit ist schließlich oft allein dort. Er kennt alles!"

Wieder ertönt das dumpfe Pochen. Die Sonne steht schon tief über dem Wasser. Der Deich wirft einen langen Schatten über die Wagenreihen. Ich fröstele. Am liebsten würde ich die Beine unter die Arme nehmen und losrennen. Doch ich mag vor Heike auch nicht als Angsthase dastehen. Aber ich habe furchtbare Angst. Und Heike bestimmt auch.

„Hallo, ist da jemand?“, rufe ich mit forscher Stimme, um meine eigene Angst zu überspielen.

Als Antwort ertönt das Klopfen umso heftiger.

„Wir sehen mal nach“, sagt Heike entschlossen. „Ich glaube, es kommt dort aus dem Wohnwagen in der ersten Reihe. Los, Sabine, mach mal eine Brücke!“

Ich raffe mich auf, stütze meine Hände neben dem Wohnwagen auf die Erde. Nun ist mein Rücken eine bequeme Bank für Heike. Sie steigt hinauf und presst ihr Gesicht an die Scheibe.

„Kannst du etwas sehen? Sag schon!“, keuche ich unter ihr, denn Heike ist nicht gerade ein Fliegengewicht.

Da macht es neben mir einen Plumps. Ich richte mich schnell auf. Heike sitzt kreidebleich im Gras. Ihre Augen sind vor Entsetzen weit aufgerissen.

„Rede doch endlich!“ fahre ich sie an und werde langsam ungeduldig.

„Da drin ... drin ..., liegt Bastian ge ... fesselt und mit einem Pflaster vor dem Mund“, stottert Heike. Sie ist vor Entsetzen noch immer wie gelähmt.

Ich traue meinen Ohren nicht. Das gibt's doch nicht! Sprachlos starre ich Heike an.

„Bei dir piept’s wohl! Wie soll Bastian gefesselt in einen fremden Wohnwagen kommen?“, bringe ich endlich heraus.

„Guck doch selbst!“

Ich steige auf Heikes Rücken und drücke meine Nase an die Scheibe. Durch einen schmalen Spalt in der Gardine kann ich ein Gesicht unter mir sehen. Es ist tatsächlich Bastian, der dort liegt. Er tritt verzweifelt mit dem Fuß gegen die Wand.

Ich falle förmlich von Heikes Rücken. Entsetzt blicken wir uns an. Es kann doch nicht sein, dass wir beide dieselben Gespenster sehen! Doch dann kommt Leben in uns. Gleichzeitig springen wir auf und rütteln wie besessen an der Tür. Zu unserer Verblüffung ist sie gar nicht abgeschlossen. Sie fliegt plötzlich auf, und wir fallen aufeinander. Blitzschnell sind wir wieder auf den Beinen und stürzen in den Wohnwagen. Da sehen wir neben Bastian auch Flo und Heiko auf der breiten Liegefläche.

„Heiko! Was ist passiert? Wie kommt ihr hierher? So antworte doch!", redet Heike kopflos auf ihren Bruder ein. Der Arme kann unter seinem Knebel nur ein undeutliches Keuchen hervorstoßen.

„Mit dem Pflaster auf dem Mund kann er nicht antworten", beschwichtige ich die völlig fassungslose Heike.

Ich ziehe Bastians Taschenmesser, das ich zum Glück vorhin auf dem Ausguck eingesteckt habe, aus der Hosentasche und säble an seinen Fesseln herum. Während ich mich abmühe, befreit Heike die Jungen von ihren Pflastern.

„Na endlich", stöhnt Heiko und spuckt erleichtert seinen Kaugummi auf den Boden, „beinahe wäre ich erstickt! Ein Glück, dass ihr uns gefunden habt. Ich habe die ganze Zeit über Todesangst ausgestanden, dass niemand Bastians Klopfen hört und dass wir hier elend verdursten und verhungern müssen!"

Jetzt, da die Anspannung nachlässt, fängt Flo an zu weinen. Niemand, nicht einmal Bastian, wagt etwas zu sagen.

„Du brauchst nicht mehr weinen", tröstet Heike und legt schützend den Arm um Flos Schultern.

„Jetzt bist du in Sicherheit! Dir kann nichts mehr

geschehen!“

„Ihr habt ja keinen blassen Schimmer, was uns passiert ist“, sprudelt Heiko hervor. „Kannst du mit deinem Messer nicht ein wenig schneller machen, Sabine?“

„Erstens ist es Bastians Messer, und zweitens sind die Stricke so zäh! Heike, sieh doch mal in den Schubladen nach. Vielleicht findest du dort noch ein Messer. So, jetzt kommt Flo an die Reihe!“

Bastian ist frei. Er dehnt und streckt sich und betastet vorsichtig seine Lippen. Die Haut ist vom abgerissenen Heftpflaster gerötet.

„Ihr werdet uns nicht glauben“, berichtet er zögernd. „Wir haben am dritten Stack angeschwemmtes Rauschgift gefunden. Stellt euch vor, zehn kleine Plastiktüten voller Rauschgift. Die müssen ein Vermögen wert sein.“

„Habt ihr nicht sofort die Polizei angerufen?“, unterbreche ich ihn.

„Dazu sind wir gar nicht gekommen.“

„Wer hat euch gefesselt?“, ruft Heike ungeduldig.

„Immer der Reihe nach. Wir sitzen also auf dem Stack und bestaunen unseren Fund . . . “

„Da müsst ihr aber lange gestaunt haben“, mische ich mich ein. „In der Zwischenzeit sind wir nämlich zum Bananensand gefahren und haben uns dort eine ganze Zeit lang aufgehalten.“

„Findet ihr erst mal Rauschgift am Fluss. Dann seid ihr genauso verdattert.“

„Nein!“, erklärt Heike. „Wir haben es sofort unter meinem Bett versteckt.“

„Guter Witz! Soll ich jetzt lachen?“,

„Kannst es auch lassen.“

„Woher wusstet ihr denn, dass es Rauschgift war?“,

frage ich gespannt.

„Du hast doch heute Morgen selbst im Bus von dem angeschwemmten Rauschgift erzählt, Sabine, das von Spaziergängern am Flussufer gefunden wurde. Dann ist doch wohl sonnenklar, dass in den kleinen Plastikbeuteln, die wir gefunden haben, auch Rauschgift ist! Der weiße Inhalt war deutlich zu sehen“, antwortet Bastian. „Aber auf die Idee, dass in den Tüten Rauschgift sein könnte, seid ihr Neunaugen natürlich nicht gekommen.“

„Die ganze Elbe scheint voll Rauschgift zu sein“, sagt Heike. Sie ist glücklich, dass sie ihren Bruder heil und unverletzt gefunden hat und drückt ihn liebevoll an sich. Unwillig brummend muss Heiko das über sich ergehen lassen, weil er noch gefesselt ist.

„Lacht ihr nur!“, ruft Bastian erbost. „Ihr ärgert euch doch bloß, dass ihr glatt daran vorbeigelaufen seid und die Tüten, die ihr für Müll hieltet, nicht selbst aus dem Wasser gefischt habt!“

„Gib doch nicht so an, weil du in Mathe eine Eins hast!“, rufe ich empört. „Du wirst bald merken, wo das richtige Rauschgift ist!“

„Zankt euch nicht“, mahnt Heike. „Erzähl lieber, wie es mit eurem Abenteuer weiterging, Bastian.“

„Wir sitzen also auf dem Stack und überlegen, was zu tun ist, da . . . “

. . . da steht plötzlich ein fremder Mann hinter uns“, fällt Flo ihm zitternd ins Wort.

„Es waren zwei Männer“, berichtigt Heiko. „Die haben uns wohl von ihrer Jacht aus schon eine ganze Weile beobachtet. Der eine ist ausgestiegen . . . “

„Und ihr habt nicht gemerkt, was hinter euren Rücken vorging?“, unterbreche ich ihn gespannt.

„Nein“, murmeln die drei. „Wir waren so mit unserem Fund beschäftigt, dass wir nichts anderes gesehen und gehört haben."

„Weiter, was geschah dann?", fragt Heike gespannt. Sie hat endlich ein Brotmesser in einer der Schubladen gefunden. „Halt still, Heiko, sonst kriege ich deine Fesseln nie auf!"

„Sei bloß vorsichtig mit dem Dolch!"

„Willst du nun befreit werden oder nicht?"

„Ist ja schon gut, ich halte still!"

„Also", fährt Bastian fort, „der Mann sagte, wir sollten ihm die Plastiktüten geben, sie wären ihm über Bord gefallen und gehörten ihm."

„Habt ihr ihm geglaubt?"

„Natürlich nicht. Da kann ja jeder kommen. Wir antworteten, dass wir die Tüten jetzt zur Polizei bringen würden und dass er sie ja dort abholen könnte. Da hatte der Kerl doch plötzlich eine Pistole in der Hand. Was kann man gegen eine Pistole machen? Wir waren gezwungen ihm die Tüten zu geben."

„Damit wir sie nicht verraten können, mussten wir auf ihre Jacht klettern und in der Kajüte verschwinden", ergänzt Flo und schaudert zusammen, als er an das überstandene Abenteuer denkt.

Ich stoße Heike an. Sie nickt. Sie weiß, was ich denke. Hätten wir an ihrem Zimmerfenster nur eine Minute länger gewartet, dann hätten wir gesehen, wie die Jungen ins Boot steigen mussten. Dass dies kaum freiwillig geschah, hätten wir uns denken und sofort die Polizei benachrichtigen können. Dann säßen die Rauschgiftschmuggler längst hinter Schloss und Riegel, und die Jungen hätten nicht so viel Angst ausstehen müssen.

„Sie sind mit der Jacht zum Campingplatz gefahren

und haben uns zu dem Wohnwagen hier gebracht. Das Weitere wisst ihr ja", beendet Bastian seinen Bericht.

„Mir geht eine ganze Laterne auf!" ruft Heike empört. „Diese beiden Gangster tun nur so, als ob sie Segelfans wären. Sie haben das Boot nur zu dem Zweck hier liegen, um Rauschgift zu übernehmen, wenn ihnen ein Schiff gemeldet ist."

„Raffiniert getarnt", stimme ich zu. „Die Leute vom Wasserzoll sollen denken, dass sie harmlose Sportler sind."

„Jetzt sind die Kerle mit dem Rauschgift verschwunden!", sagt Heiko wütend. „Die sehen wir niemals wieder, und die Polizei findet sie auch nicht."

„Aber ihre Jacht liegt noch vor dem Deich", überlegt Heike. „Die müssen sie doch noch abholen!"

„Ihre Jacht!", ruft Bastian verächtlich. „Die pfeifen doch auf die Jacht und den Wohnwagen! So eine Menge Rauschgift ist bestimmt eine Million Euro wert."

„So, Flo, du bist frei!", verkünde ich und klappe das Messer zu.

Plötzlich halte ich inne. Mich durchzuckt ein eisiger Schrecken. Es ist so, als ob jemand mit einem Stück Eis über meinen Rücken streicht.

„Die Männer sind über alle Berge, hast du gesagt, Heiko? Nein, sind sie nicht!"

„Wieso nicht?"

„Sobald die merken, dass in den Tüten nur Mehl ist, werden sie auf schnellstem Wege umkehren."

„Mehl? Wieso Mehl?", fragen die Jungen irritiert. „Was wisst ihr überhaupt davon?"

„Später. Wir müssen fort! Schnell! Kommt!"

„Daraus wird nichts!“, ertönt eine harte Stimme von Eingang her.

Wo sind die Schmuggler?

Eine Hand schiebt sich durch die Türöffnung, und diese Hand hält eine Pistole. Wir prallen entsetzt zurück.

So ein Ding ist gefährlich. Das weiß ich von Papa, der eine Dienstpistole besitzt und uns immer wieder einschärft, wie gefährlich diese Waffen sind, die wie Spielzeug aussehen und so viel Unheil anrichten können.

Langsam begreife ich, dass das hier kein Spaß mehr ist, dass es auf einmal bitterer Ernst wird. Was hat Papa gesagt: Es geht diesen Rauschgifthändlern nur ums Geld. Sie schrecken vor nichts zurück.

Meine Schuld ist es, dass die Holzaugen in diese gefährliche Sache hineingeraten sind. Hätte ich den verrückten Einfall mit dem Mehl nicht gehabt, wären sie nicht gefangen worden und würden jetzt sicher und behütet zu Hause am Abendbrottisch sitzen.

Wie konnte ich aber auch ahnen, dass fast zur gleichen Zeit, als wir die Tüten mit dem Ersatz-Rauschgift am dritten Stack ablegten, um die Jungen damit zu ärgern, ein Matrose von einem Frachter aus echtes Rauschgift über Bord werfen würde ... und dass die beiden Männer auf der Jacht nur darauf aus waren, dieses echte Rauschgift zu finden?

Da der Zollkreuzer in der Nähe war, getrauten sie sich wohl nicht, noch dichter an den Frachter heranzufahren. Die beiden Männer sind also immer dann zu einer Segelpartie in Diekhusen erschienen, wenn ihnen die Ankunft des Frachters gemeldet wurde. Ein ganz schön ausgekochter Plan.

Das hätte sich Papa bestimmt nicht träumen lassen, dass die Rauschgiftschmuggler, die er suchte, die ganze Zeit über gemütlich vor seiner Nase gesegelt sind.

Hätte ich doch unseren Fund an der Bucht des Bananensandes sofort der Polizei oder Papa gemeldet! Er hätte genau gewusst, was zu tun ist. Doch alles Jammern hilft nichts. Jetzt ist es zu spät. Mein Herz klopft wie rasend. Der Mann mit der Pistole zwängt sich durch die schmale Türöffnung. Ich weiß nicht, ob er von der Sonne so braun gebrannt ist oder ob er eine dunkle Hautfarbe hat.

„Sieh mal an! Da sind ja noch ein paar Typen. Wir sind im richtigen Augenblick zurückgekommen! Die Vögel wollten gerade ausfliegen."

Ich überlege, ob es Sinn hat, um Hilfe zu schreien. Aber weit und breit ist keine Menschenseele. Außer den Möwen kann mich niemand hören.

„He, Manni, komm rein und bring ein paar neue Stricke mit! Die alten sind durchgeschnitten."

Als der Dunkle das ruft, blickt er einen Moment zur Wohnwagentür. Diesen Augenblick nutze ich, um Bastians Taschenmesser, das ich immer noch krampfhaft in der geschlossenen Faust halte, schnell in meinen Schuh zu schieben.

„Wie habt ihr verdammten Mädchen die Jungen entdeckt?", schnaubt der andere Mann, der mit einem Arm voller Stricke hereinklettert.

„Das war Gedankenübertragung", erklärt Bastian für uns.

Widerwillig muss einer nach dem anderen von uns in den engen Gang vortreten und sich von dem Gangster die Hände auf dem Rücken fesseln lassen. Dann müssen wir uns auf das breite Doppelbett legen, und er bindet uns auch die Fußknöchel zusammen. Wenigstens lässt er das eklige Pflaster weg.

Ein Glück, dass Su wenigstens in Sicherheit ist. An meiner Erleichterung merke ich, dass ich meine kleine Schwester doch sehr lieb habe.

„So", sagt der Dunkle und tritt drohend einen

Schritt vor. „Jetzt möchte ich ganz schnell von euch wissen, wo der echte Stoff versteckt ist."

„Aber ...", stottert Heiko, „Sie haben doch alles mitgenommen."

„Werd nicht unverschämt! Denkst wohl, ihr habt eine Superidee gehabt, das Zeug mit Mehl zu vertauschen!"

Jetzt wird es gefährlich! Verzweifelt versuche ich, die Männer hinzuhalten.

„Heute ist wohl was schiefgelaufen? Ihr seid nicht dazu gekommen, die Ware abzuholen, weil der Zollkreuzer sich in der Nähe aufhielt! Da ihr die Strömungsverhältnisse bei Flut nicht kennt, habt ihr das Rauschgift an der falschen Stelle gesucht! Der Plastikbeutel wäre nur bei ablaufendem Wasser an den Stacks angetrieben, bei auflaufendem Wasser jedoch in der Bucht auf dem Bananensand."

Inzwischen müssen doch unsere Eltern unruhig geworden sein! Es dämmert bereits. Bestimmt sind schon Telefongespräche hin und her gegangen ... Da wir Bastians und Flos Mutter gesagt haben, dass wir zum Campingplatz wollen, kann es nur eine Frage von Minuten sein, wann die Erwachsenen hier aufkreuzen, um uns zu suchen. Sie müssen einfach kommen!

Die gleichen Gedanken scheint sich leider auch der Gangster gemacht zu haben. Plötzlich sagt er zu seinem Kumpel: „Los, fahr den Wagen vor! Wir hängen den Wohnwagen an und machen erst mal mit dem Kindergarten die Fliege. Inzwischen wird bestimmt nach uns gesucht. Dann haben wir noch das ganze Dorf auf dem Hals."

Der Mann verschwindet. Das Brotmesser nimmt er mit.

„So und jetzt hörst du auf mit deinen Märchen und sagst, wo der Stoff ist! Überleg es dir genau. Wenn es wieder Mehl ist, macht es peng, und einer deiner Freunde ist dran!“

Er spielt bedeutungsvoll mit der Pistole. Trotz der Kühle wird mir ganz heiß. Selbst Bastian, der sonst immer so cool tut, wird blass um die Nasenspitze. Flo schnieft verzweifelt.

Ich kann nur hoffen, dass Su inzwischen ihr Versprechen, den Mund über unseren Rauschgiftfund zu halten, gebrochen hat und munter drauflos schwatzt, weil sie nie lange etwas für sich behalten kann. Da fällt mir siedend heiß ein, dass Su gar nicht weiß, dass in dem Plastikbeutel unter Heikes Bett echtes Rauschgift ist. Sie glaubt, dass alles nur ein lustiges Spiel zwischen den Holzaugen und uns Neunaugen ist. Auf keinen Fall darf ich dem Gangster das richtige Versteck verraten. Wenn ihm Heikes Eltern zufällig begegneten, würde der bestimmt sofort schießen!

Inzwischen bin ich zu einem Entschluss gekommen. Ich werde den Typ an einen falschen Ort schicken, und zwar an eine Stelle der Insel, bei der sich Heikes Eltern um diese Zeit bestimmt nicht aufhalten. Bis der merkt, dass wir ihn wieder getäuscht haben, werden wir schon lange auf und davon sein. Das hoffe ich wenigstens. Schließlich habe ich noch das Messer im Schuh ...

„An der Spitze des Bananensandes steht eine Bake“, sage ich langsam, „genau in der Mitte darunter habe ich den Plastikbeutel mit dem Rauschgift eingegraben.“

Hoffentlich verrät Heike nichts. Sie starrt mich zwar ungläubig an, schweigt aber.

Der Mann betrachtet mich argwöhnisch. Plötzlich deutet er auf Florian. „Du kommst mit. Und wehe dir, wir finden nichts!"

Ich schlucke entsetzt. Mit so einer Gemeinheit habe ich nicht gerechnet.

„Bleibst du dabei, dass der Stoff unter der Bake liegt?", fragt der Schmuggler lauernd.

„Ja", sage ich fest, und es gelingt mir, nicht mit der Wimper zu zucken.

Schon hat er Flo die Fesseln durchgeschnitten und zerrt ihn am Arm mit hinaus. Flo wirft uns einen verzweifelten Blick zu. Erbittert zerren wir an unseren Stricken. Aber wir können ihm nicht helfen.

„Manni, fahr allein mit dem Wohnwagen los, und lass ihn irgendwo auf einem Feldweg stehen", hören wir die Stimme des Gangsters. „Ich muss vorher mit der Jacht zur Insel, um den Stoff zu holen. Warte am Treffpunkt mit dem Wagen auf mich."

„Okay", knurrt der andere.

Schritte entfernen sich. Wir hören deutlich, wie die Wohnwagentür abgeschlossen wird. Ein Motor springt an. Der Wohnwagen ruckt. Wir trudeln unsanft gegeneinander. Der Wohnwagen fährt mit uns los, einem unbekannten Ziel entgegen ... Wenn ich an den kleinen Flo denke, könnte ich vor Angst und Wut heulen.

„Ich muss hier raus", stoße ich in ohnmächtigem Zorn hervor. „Der Kerl ist fähig und bringt Flo um, wenn er unter der Bake nichts findet."

Mit meinem linken Fuß streife ich den rechten Schuh von meinem Fuß ab. „Bastian, in meinem Schuh ist dein Taschenmesser. Du bist am nächsten mit deinen Händen dran. Versuch mal, es herauszuziehen!"

Im Wohnwagen ist es inzwischen fast dunkel. Das erschwert alles. Außerdem schlingert der Wagen bei jeder Unebenheit der Straße hin und her.

„Was läuft denn hier über meinen Arm?“, jappst Heiko erschrocken, während Bastian emsig bemüht ist, mit seinen zusammengebundenen Händen das Messer zu greifen.

„Das ist Husch“, beruhigt Heike ihren Bruder. „Er ist aus meinem Kapuzenshirt gekrochen.“

„Schade, dass Husch kein Biber ist“, seufzt Heiko, „dann könnte er unsere Fesseln durchnagen.“

„Das kann Husch genauso gut wie ein Biber“, verteidigt Heike ihren Goldhamster. „Das Problem ist nur, wie ich ihm das klarmachen soll!“ Heike gibt sich Mühe, einen Spaß zu machen, aber ihre Stimme zittert.

Nach einer Ewigkeit, wie mir scheint, gelingt es Bastian, das Messer aufzuklappen. Wir schieben uns Rücken an Rücken. Bastian hält das Messer zwischen seinen zusammengebundenen Händen mit der Klinge nach oben, und ich reibe meine Handgelenke daran. Endlich spüre ich, dass der Strick nachgibt! Ein fester Ruck . . . und ich bin frei. Schnell aufgesetzt und den Strick zwischen meinen Knöcheln durchgetrennt!

Ich drücke Bastian das Messer zwischen die gefesselten Hände zurück. Während ich nach hinten eile und das breite Rückfenster hochklappe, keuche ich: „Befreit euch inzwischen! Ich hole Hilfe!“

Bei dem Wort Hilfe hänge ich bereits außen am Wohnwagen. Nur meine Finger umklammern noch das schmale Fenstersims. Als die roten Bremslichter in einer leichten Kurve unter mir aufleuchten, lasse ich mich fallen. Ich lande hart auf Po und Ellbogen, springe jedoch sofort wieder hoch. Die Rücklichter des Wohnwagens entfernen sich langsam in der Dunkelheit.

Bandit taucht auf

Benommen stehe ich einen Moment auf der Straße. Ich muss mich erst einmal orientieren. Nach meiner Schätzung müssen wir die Deichstraße entlanggefahren sein, denn wäre der Fahrer abgebogen, wären wir ordentlich durcheinandergeschüttelt worden.

Als sich meine Augen an das Dämmerlicht gewöhnt haben, erkenne ich rechter Hand einen langgezogenen, schwarzen Strich. Das muss der Deich sein.

Schon renne ich los, trete im Dunkeln in etwas Weiches, Matschiges. Das ist bestimmt ein Kuhfladen, denke ich noch, als ich auch schon in einen Graben stolpere. Mühsam arbeite ich mich aus dem Schlamm. Die Frösche quaken aufgeregt über die Störung. Aufatmend erreiche ich endlich die Deichkrone.

Vor mir im Fluss erstreckt sich die Südspitze des Bananensandes. Ich sehe deutlich das rote Blinklicht der Leuchttonne, die eine Untiefe anzeigt und vor der Bake im Wasser verankert ist. Schwarz hebt sich die Insel gegen den helleren Himmel und das hellere Wasser ab.

Wie viel Zeit habe ich verloren? Zum Glück konnte der Gangster auf der schmalen Straße nur sehr langsam fahren. Ich versuche rasch meine Gedanken zu ordnen. Auf gleicher Höhe mit dem Campingplatz befindet sich ungefähr die Mitte der Insel. Da der Bananensand etwa zwei Kilometer lang ist, muss ich noch einen Kilometer bis zum Campingplatz zurücklaufen.

Ich jage los, als wäre ein Monster hinter mir her. Bald bekomme ich Seitenstiche. Meine Lungen schmerzen, ich habe das Gefühl, als ob sie jeden Moment platzen würden. Weiter, immer weiter! Nie hätte ich gedacht, dass tausend Meter so endlos lang sein können. Es wird der längste Kilometer meines Lebens.

Wie viel Zeit bleibt mir noch, um Flo zu retten? Der Schmuggler brauchte mit Flo nur seine Jacht zu besteigen, die sozusagen direkt vor der Haustür lag. Inzwischen muss er längst an der Südspitze der Insel angelangt sein. Während ich weiterkeuche, spähe ich angestrengt in die Finsternis. Aber ich kann kein Boot auf dem Fluss ausmachen und Positionslichter hat der Schmuggler bestimmt nicht gesetzt.

Endlich taucht vor mir ein hellerleuchtetes Viereck aus der Dunkelheit auf. Das muss der Campingplatz sein. Auf dem Platz brennen sämtliche Lampen, und an der Stelle, wo vorhin der Wohnwagen gestanden hat, bewegen sich einige Gestalten. Mein Herz macht einen Luftsprung vor Freude, als ich im Schein der Lampen Flos Vater, Heikes und Heikos Vater, Onkel Henning und meinen Vater erkenne.

Papa! will ich schreien, aber ich bringe nur ein erschöpftes Röcheln zustande. Die Männer haben mich bereits gesehen und laufen mir entgegen.

„Schnell, beeilt euch . . . Der Gangster will Flo umbringen . . . , wenn er. . . Rauschgift . . . nicht findet. Schnell, zur Südspitze!“ Die Worte ringen sich nur stoßweise aus meiner Brust. Ich habe Mühe, wieder zu Atem zu kommen. Einen Augenblick scheinen die Männer wie erstarrt zu sein.

„Ein Boot, rasch!“, schreie ich verzweifelt. „Papa! Ihr müsst helfen!“

Endlich kommt Bewegung in die Männer. Sie stellen keine weiteren Fragen. Sie hören meiner Stimme an, dass etwas Schreckliches passiert ist.

„Mein Arbeitsboot liegt unten am Deichvorland!“, ruft Bauer Hansen. „Mir nach!“

Schon stürmen alle den Deich hinab. Ich stolpere hinterher.

Als ich ankomme, haben die Männer bereits den Anker an Deck geworfen und das Boot abgestoßen. Da ich sowieso nass bin, patsche ich ins Wasser. Papa fasst meinen Arm und zieht mich ins Boot. Ich lasse mich einfach hinfallen, so erschöpft bin ich.

Flos Vater und Onkel Henning rudern schweigend

und verbissen drauflos. Bauer Hansen steuert. Stockend berichte ich, was heute passiert ist. Die Männer sagen kein Wort. Nur ihr rasches Atmen zeigt mir an, wie erregt sie sind. Kaum bin ich mit meiner Schilderung fertig, zieht Papa sein Handy hervor und spricht flüsternd hinein. Das Boot fährt etwas oberhalb der Südspitze knirschend auf den Sand.

„Hein, du gehst zu deinem Hof und stellst das Rauschgift sicher“, übernimmt Papa leise das Kommando.

„Kommt ihr denn ohne mich klar?“, fragt Bauer Hansen besorgt.

„Ja. Das Zollschiff ist nicht weit entfernt und die Polizei habe ich ebenfalls informiert.“

Heikes und Heikos Vater taucht im Schatten der Bäume unter.

„Sabine, du bleibst hier im Boot, bis wir zurückkehren, und rührst und muckst dich nicht“, bestimmt Papa. „Wir anderen schleichen vorsichtig zur Bake.“

Ich soll hier im Boot bleiben? Gerade jetzt, wo es darum geht, Flo zu retten! Das kann Papa auf keinen Fall ernst gemeint haben. Kaum sind die Männer verschwunden, klettere ich bereits über das Dollbord und schleiche geduckt hinter ihnen her.

Als es zwischen den Büschen lichter wird, robbe ich auf allen vieren weiter. Im letzten Moment erst entdecke ich die Umrisse der drei Männer neben einer Weide. Weiter können sie sich nicht vorwagen, denn bis zur Bake sind es ungefähr noch zehn Meter über freien, vom Mondlicht weiß beschienenen Sand. Jede Maus würde man sofort erkennen können.

Mit klopfendem Herzen blicke ich zu der drohend in den Himmel ragenden Bake. Zwischen ihren starken Pfosten bewegt sich ein großer Schatten, daneben erkenne ich einen kleineren. Flo lebt noch! Wir sind nicht zu spät gekommen!

Vor Erleichterung und Erschöpfung fange ich an zu weinen. Ich kann nichts dagegen tun. Die Tränen strömen nur so über mein Gesicht.

Vom Fahrwasser dröhnt das Stampfen schwerer Maschinen herüber. Eine grüne Positionslampe huscht vorbei. Leise rauschend schlängeln sich die Wellen am Strand entlang, als fürchteten sie zu stören. Die weiße Gischt glitzert im kalten Mondlicht wie Diamanten.

Ich zucke zusammen. Deutlich höre ich in der Stille die Stimme des Schmugglers: „Hast du immer noch nichts gefunden? Wehe dir, wenn deine Freundin gelogen hat!"

Ich überlege fieberhaft, wie die Männer es anstellen wollen, ungesehen über den hellen Sandstreifen zu laufen, um den Schmuggler zu überwältigen und Flo nicht zu gefährden. Da ertönt plötzlich an der Bake ein lautes „Miau". Das muss Bandit sein! Er ist wohl aus Langeweile vom Anlegesteg im Norden bis hierher zur Südspitze marschiert, um einen Weg zum Festland zu finden. Nun freut er sich, einen Menschen zu sehen, den er kennt.

„Hallo, Bandit!" höre ich Flo glücklich schniefen.

„Hau ab, du Mistvieh!" schimpft der Mann und tritt mit dem Fuß nach dem Kater.

Bandit faucht wütend.

Einige Sekunden lang ist der Schmuggler abgelenkt. Diesen Moment nutzt Papa aus. Er schnellt sich aus der Deckung, und während er mit Riesensätzen auf den überraschten Mann zuspringt, schreit er: „Zollkontrolle! Waffe fallen lassen!"

Der Gangster zuckt zusammen. Er sieht die auf ihn gerichtete Waffe deutlich im Mondlicht. Mit einem lauten Fluch lässt er seine Pistole in den Sand fallen.

Papa geht mit vorgehaltener Waffe auf den Gangster zu und tastet ihn rasch ab. Flo stürzt davon und wirft sich schluchzend in die Arme seines Vaters. Nun wage auch ich mich hervor. Der Schmuggler erkennt mich im Mondlicht und schnaubt: „Du verdammtes Aas! Wie bist du entwischt?“

„Pah“, sage ich verächtlich. Jetzt, da die Gefahr vorbei und Flo gerettet ist, werde ich schon wieder kecker. „Das Rauschgift hättet ihr sowieso nicht gefunden. Das liegt unter Heikes Bett, und ich weiß auch, von welchem Schiff aus es über Bord geworfen wurde!“ Aber ich höre selbst, wie meine Stimme zittert.

„Ist alles in Ordnung?“, hören wir jetzt Bauer Hansens besorgte Stimme hinter uns. Er und seine Frau treten zu uns ins Mondlicht, nachdem keiner ihr Näherkommen bemerkt hatte.

„Die Polizei fahndet bereits nach dem Wohnwagen“, berichtet er

„Hoffentlich finden sie unsere Kinder“, sagt Frau Hansen. Sie ist außer sich vor Sorge und Aufregung.

„Ich habe den Plastikbeutel mit dem Heroin gleich mitgebracht!“ Bauer Hansen legt den Beutel vor Papa in den feuchten Sand.

„Da haben wir ja einen fetten Fang gemacht!“, stellt mein Vater fest.

Der Schmuggler betrachtet mit gierigen Blicken den Plastikbeutel, der zum Greifen nah vor ihm liegt und doch unerreichbar für ihn ist.

„Das Zollschiff kommt!“, meldet Onkel Henning.

Nun entdecke auch ich die drei grünen Lichter, die schnell näher kommen. Plötzlich werden an Deck die Suchscheinwerfer eingeschaltet, unsere Gruppe ist in gleißendes Licht getaucht.

Der Zollkreuzer dreht bei. Er kann nicht direkt am Ufer anlegen, da er 1,80 Meter Tiefgang hat. Ein Beiboot wird zu Wasser gelassen. Zwei Zollbeamte steigen ein und fahren zum Ufer.

„Hallo, Ulf!", begrüßen sie Papa. „Was passieren denn hier in eurem verschlafenen Dorf für aufregende Dinge?"

„Das könnt ihr wohl sagen!" antwortet Papa und holt tief Luft. „Die Kinder finden Rauschgift am Strand wie andere Leute kaputte Schuhe und verraten kein Sterbenswort davon."

„Wie ich sehe, habt ihr einen der Brüder geschnappt. Der andere wird inzwischen wohl auch in Polizeigewahrsam sein. Ist das deine Tochter, Ulf?" Alle blicken mich an. Im Scheinwerferlicht muss ich mit meinen zerkratzten, blutenden Armen, den Tränenspuren im Gesicht und den schlammverkrusteten Jeans einen tollet Anblick bieten.

„Ja. Ich fahre mit dem Zollschiff", beendet Papa unsere Versammlung. „Nehmt ihr Sabine mit und bringt sie sicher nach Hause?"

„Die lasse ich nicht mehr aus den Augen", verspricht Onkel Henning. „Wer weiß, was sie sonst wieder anstellt!"

Sahnetorte und Himbeereis

Als der Zollkreuzer mit Papa, dem Schmuggler und dem Rauschgift an Bord wieder in der Nacht verschwindet, knipsen Heikes Eltern ihre mitgebrachten Taschenlampen an.

Wir – Herr und Frau Hansen, mein Onkel Henning, Flos Vater mit dem völlig erschöpften Sohn auf dem Arm und ich – marschieren im Gänsemarsch zwischen den Büschen hindurch zum Boot. Ich habe Bandit auf den Arm genommen. Er drückt sich dicht an mich. Er will endlich nach Hause.

Bauer Hansen prüft noch einmal, ob die Jacht der Rauschgiftschmuggler ordentlich verankert ist. Dann steigt er zu uns in sein Arbeitsboot. Bandit sitzt auf meinem Schoß und leckt mit seiner rauen Zunge über meine Hand. Er ist froh, dass er wieder bei mir ist. Ich streichele sein dichtes Fell. Diesmal rudern wir nicht, sondern Bauer Hansen wirft den Motor an. Das Boot schießt so ungestüm los, dass die Gischt hoch aufschäumt.

Der Bananensand bleibt dunkel und einsam hinter uns zurück. Als wir uns dem Bootshafen nähern, sehen wir schon von weitem, wie sich die Lichter der Lampen im Hafenwasser spiegeln.

Ganz Diekhusen, ausgenommen Flos kleine Schwestern, die schon lange schlafen, und der alte Kuddel, der wohl wieder zu tief in die Flasche geschaut hat, scheint auf den Beinen zu sein, um uns an der Mole zu erwarten. Unser Abenteuer hat sich in Windeseile herumgesprochen.

Zwischen all den gespannten Gesichtern erkenne ich auch Mama und Su. Mama schließt mich in die Arme und will mich gar nicht mehr loslassen. Su steht aufgeregt daneben. Sie ärgert sich zwar, dass sie das ganze Abenteuer verpasst hat, weil ich sie nach Hause geschickt habe. Aber sie freut sich auch, dass ich wieder da bin.

„Sei doch froh, Su, dass du nicht dabei warst!“, ruft Flo schaudernd. „Solche Angst habe ich noch nie ausgestanden! Ich wäre vor Schreck beinahe gestorben – der Schmuggler hätte mich gar nicht erst zu erschießen brauchen."

„Nächstes Mal komme ich aber mit", beharrt Su.

„Ein nächstes Mal wird es hoffentlich nicht geben", sagt Mama entsetzt.

Alle reden aufeinander ein und wollen wissen, was denn eigentlich genau passiert ist. Als Mama mich endlich aus ihren Armen freigibt, frage ich neugierig: „Hat Su euch erzählt, was wir heute Nachmittag erlebt haben?"

„Su wollte erst nicht mit der Sprache heraus. Sie erzählte etwas von einer Geheimsache und dass ihr Rauschgift gefunden habt, welches in Wirklichkeit Mehl sei. Es war schwierig, aus dem Durcheinander klug zu werden. Als es immer später wurde, setzte ich mich ans Telefon und erfuhr von Almut und Flos Mutter, dass ihr zum Campingplatz wolltet. Papa, Bastians Vater und Flos Vater machten sich mit dem Wagen auf, um euch zu suchen. Bauer Hansen fuhr mit seinem Boot direkt dorthin!"

„Hallo! Hört alle zu!", ruft Tante Almut winkend vom Deich herab. „Bastian, Heike und Heiko sind wohlbehalten und gesund gefunden worden! Die Polizei bringt sie gleich hierher!"

Alle atmen erleichtert auf.

Wir strömen durch die Lücke im Deich und versammeln uns vor Haus Nr. 9. Kurz darauf bremst schon ein Streifenwagen neben uns. Heike, Heiko und Bastian steigen aus. Man sieht ihnen die ausgestandene Angst noch deutlich an.

Schließlich landen wir alle im Café. Wir müssen den staunenden Dorfbewohnern alles haargenau erzählen. Flo geht es langsam besser. Seine Wangen haben wieder Farbe bekommen. Als wir heißen Tee mit Kandiszucker getrunken haben, damit wir keine Erkältung bekommen, ruft Tante Almut energisch: „Die Kinder brauchen Ruhe nach all den Aufregungen, und wir Erwachsenen auch, denke ich! Kommt alle gut nach Hause. Gute Nacht!"

Sie wirft alle kurzerhand hinaus. Mama fasst Su an der linken und mich an der rechten Hand, als fürchte sie, dass wir ihr wieder entwischen. So gehen wir die wenigen Meter über die Straße zu unserem Haus.

Bandit wartet bereits vor der Haustür und miaut freudig, als er uns sieht. Mama öffnet die Tür, und er schlüpft als erster hinein. Sein Weg führt ihn gleich in die Küche, wo er sich über sein Futter hermacht, als wäre er kurz vor dem Verhungern. Ich muss lachen und lobe den Kater für sei lautes Miauen an der Bake.

Wir sitzen noch eine Weile zusammen, weil wir zu aufgeregt sind, um schlafen zu können.

Schließlich sagt Mama energisch: „Jetzt ist Schluss! Ab ins Bett, ihr seht beide todmüde aus!"

Su und ich geben ihr einen Gutenachtkuss und laufen nach oben. Obwohl ich furchtbar müde bin, gehe ich rasch noch unter die Dusche, um die inzwischen hart verkrustete Schlammschicht an meinem Körper loszuwerden. Als ich in meine Hausschuhe schlüpfen will, stößt mein rechter Fuß gegen einen Widerstand. Ich nehme den Pantoffel in die Hand und schüttele ihn kräftig. Da purzeln lauter Erdnusskerne heraus. Hier also hat Husch seine gehamsterten Sachen von heute Nachmittag versteckt. Schmunzelnd trete ich ans Fenster und blicke hinaus.

Tiefe Dunkelheit herrscht im Hafen. Die Lichter sind gelöscht, bis auf das eine, das die Hafeneinfahrt anzeigt. Die Leuchttonne an der Nordspitze des Bananensandes blinkt beruhigend und zuverlässig. Von der Insel scheint ein warmes, gelbes Licht durch die Finsternis. Das muss Heikes Zimmerfenster sein. Sie geht wohl auch gerade zu Bett. Bestimmt träumt sie heute Nacht von dem Plastikbeutel, der einige Stunden unter ihrem Bett lag.

Am nächsten Morgen, als ich nach dem Frühstück meine Schulsachen zusammensuche, steht plötzlich Papa neben mir und hält mir eine Rede, die sich gewaschen hat. Ich solle jetzt nur nicht die große Heldin spielen, denn ich habe großes Glück gehabt, dass alles so gut ausgegangen sei und durch meine Schuld nicht noch Flo oder die anderen zu Schaden gekommen sind. Da solle ich mal in Ruhe drüber nachdenken und mir das Ganze eine Lehre sein lassen, immer sofort die Eltern oder die Polizei zu verständigen.

Wenn ich über unser Abenteuer nachdenke, muss ich zugeben, dass Papa recht hat. Schuldbewusst verspreche ich, nie wieder auf eigene Faust leichtsinnig zu handeln und mich und andere zu gefährden.

In der Schule werden wir von allen Seiten bestürmt. Schließlich gibt Frau Maak, unsere Klassenlehrerin, nach. Statt über englische Verben hält sie einen Vortrag über die Machenschaften gewissenloser Rauschgifthändler und über das Unheil, welches durch Rauschgift angerichtet wird.

Als wir am Nachmittag vom Polizeirevier zurückkommen, wo wir unsere Aussagen zu Protokoll geben mussten, lädt Tante Almut uns alle in ihr Café ein. Es gibt so viel Erdbeertorte mit Schlagsahne und so viel Himbeereis, wie wir nur essen können. Und davon verdrücken wir ganze Berge.

Selbst der kleine Flo und Su stopfen drei Stück Torte in sich hinein, bevor sie aufgeben müssen. Husch darf ausnahmsweise auf dem Tisch umherflitzen und Nüsse in seine Backentaschen sammeln.

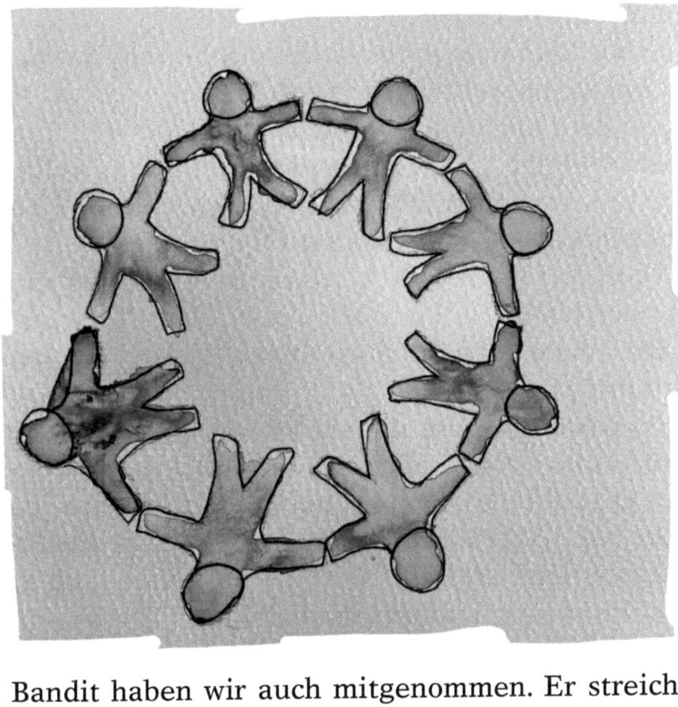

Bandit haben wir auch mitgenommen. Er streicht schnurrend um Tante Almuts Beine, die gerade eine Dose mit Katzenfutter für ihn aufmacht. Das hat Bandit wirklich verdient, denn wer weiß, wie alles ausgegangen wäre, wenn der Kater den Schmuggler nicht für einige Augenblicke abgelenkt hätte?

„Jetzt sind wir ja wieder alle glücklich vereint!“

Heiko kaut mit vollen Backen.

„Wollen wir wieder Frieden schließen?“, fragt Bastian zögernd.

„Von mir aus“, stimme ich großzügig zu, denn ich denke daran, dass wir Mädchen den Bau eines Ausgucks gespart haben, wenn wir uns wieder vertragen. Und miteinander macht mehr Spaß als gegeneinander.

„Schließlich wart ihr es ja, die nichts mehr mit uns zu tun haben wollten“, erinnert Heike.

„Ihr habt euch mit den Mehltüten ganz schön gerächt!“ Heiko grinst übers ganze Gesicht. „Wollen wir uns zusammentun und den nächsten Fund gemeinsam aus der Elbe fischen?“

„Okay, ihr Holzköpfe!“, schreit Su begeistert und springt von ihrem Platz auf.

„In Ordnung, ihr Neunmalklugen“, feixen die Jungen erleichtert.

„So schnell werdet ihr kein Rauschgift mehr aus dem Fluss fischen können“, mischt sich Papa ein, der gerade hereinkommt und die letzten Sätze gehört hat. „Die Rauschgiftschmuggler sind im Gefängnis. Und es sieht nicht so aus, als ob sie so schnell wieder herauskommen.“

„Siehst du, Papa“, ruft Su eifrig, „jetzt haben wir doch die Schmuggler für dich gefangen!“

„Es sah eher so aus, als ob die Schmuggler euch gefangen hätten“, erwidert Papa ernst.

„Puh, ich kann nichts mehr essen“, stöhnt Flo und reibt seinen kleinen, runden Bauch. „Schade um das schöne Eis! Aber es geht nichts mehr rein.“

„Bei uns auch nicht! Wollen wir zum Fluss?“

Wir wandern nebeneinander den Deich hinunter zum geheimen Ausguck der Jungen, der jetzt auch den Neunaugen mitgehört.

Nur Bandit kommt nicht mit. Er liegt behaglich im Sessel und leckt sich seine Schnurrhaare nach dem guten Mahl.

Hier wohnen die Acht vom großen Fluss

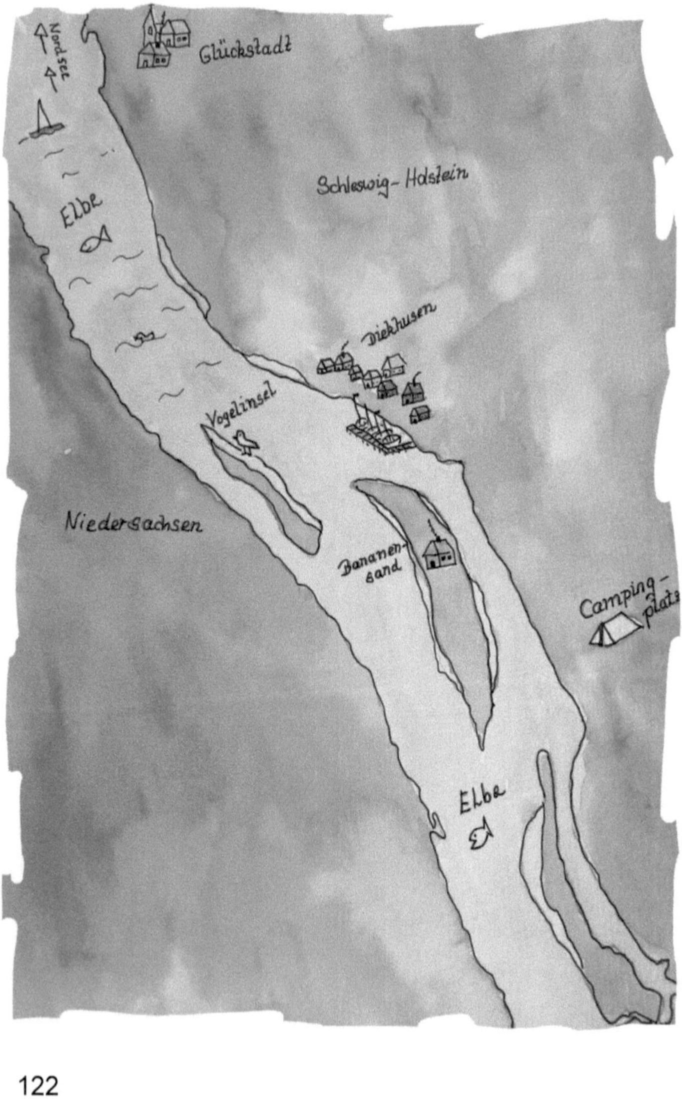

So sieht es auf Bananensand aus

Ausgabe 21

Ausgabe 22

Ausgabe 23

Ausgabe 24

Ausgabe 25

Ausgabe 29

Ausgabe 31

Ausgabe 32

Ausgabe 33

Ausgabe 34

Ausgabe 36

Ausgabe 37

Ausgabe 38

Ausgabe 39

Ausgabe 40

Ausgabe 41

Die bisher erschienenen Ausgaben der Leibniz-Blätter können unter redaktion@leibniz-privatschule.de bestellt werden.

<u>Leibniz Blätter Verlag – aus dem Buch-Programm</u>

LEIBNIZ BLÄTTER VERLAG